» Luiz Fernando Rodrigues Campos
» Caroline V. de Macedo Brasil (coautora)

LOGÍSTICA
TEIA DE RELAÇÕES

Rua Clara Vendramin, 58, Mossunguê
Curitiba, Paraná, Cep 81200-170
Fone: (41) 2106-4170
www.intersaberes.com
editora@editorainstersaberes.com.br

Editora-chefe » Lindsay Azambuja
Supervisora editorial » Ariadne Nunes Wenger
Analista editorial » Ariel Martins
Análise de informação » Eliane Felisbino
Revisão de texto » Sandra Regina Klippel
Capa » Denis Kaio Tanaami
Projeto gráfico » Raphael Bernadelli
Diagramação » Rafaelle Moraes

Conselho editorial »
Dr. Ivo José Both (presidente)
Dr.ª Elena Godoy
Dr. Nelson Luís Dias
Dr. Neri dos Santos
Dr. Ulf Gregor Baranow

Dados Internacionais de
Catalogação na Publicação (CIP)
(Câmara Brasileira do Livro, SP, Brasil)

Campos, Luiz Fernando Rodrigues
  Logística: teia de relações/Luiz Fernando
Rodrigues Campos, Caroline V. de Macedo Brasil.
Curitiba: InterSaberes, 2013. (Série Logística
Organizacional).

  Bibliografia.
  ISBN 978-85-8212-606-6

  1. Administração de material 2. Cadeia
de suprimentos – Administração 3. Logística
empresarial I. Brasil, Caroline V. de Macedo.
II. Título. III. Série.

12-09759   CDD-658.78

Índices para catálogo sistemático:
1. Logística empresarial: Gerenciamento:
   Administração de empresas 658.78

1ª edição, 2013.

Foi feito o depósito legal.

Informamos que é de inteira
responsabilidade dos autores a
emissão de conceitos.

Nenhuma parte desta publicação
poderá ser reproduzida por qualquer meio ou forma sem a prévia
autorização da Editora InterSaberes.

A violação dos direitos autorais
é crime estabelecido na Lei
nº 9.610/1998 e punido pelo art. 184
do Código Penal.

Sumário

Apresentação, 148

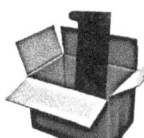

Conceitos gerais e correlações, 13

- » Cadeia de suprimentos, 16
- » Cadeia produtiva, 20
- » Canais de distribuição, 21
- » Logística, 24
- » Aliança empresarial, 26
- » Parceria empresarial, 28
- » Ferramentas logísticas, 29
- » Logística e economia, 29
- » Logística empresarial, 37

Fluxos logísticos, 41

- » Fluxo de informações, 45
- » Fluxo de materiais, 46
- » Fluxo financeiro, 46
- » Fluxo reverso, 47

A logística inserida
no ambiente empresarial, 67

- » Estratégias que a logística oferece para a empresa, 73

Estruturação da logística empresarial, 77

» *Marketing* e logística, 86

» Planejamento e controle da produção (PCP), 94

» Planejamento logístico, 98

» Operações logísticas, 100

Principais atividades da logística empresarial, 105

» A integração da cadeia de suprimentos, 108

» Movimentação (interna) de materiais, 109

» O papel do transporte (externo) na logística, 110

» Embalagens, 113

» Controle e manutenção de estoques, 115

» *Case:* comunicação x formação de alianças, 116

Controles e custos logísticos, 127

» O que controlar?, 130

» Conhecendo os custos logísticos, 133

» Otimizando os custos logísticos, 136

O futuro da logística, 139

» O papel da logística como diferencial competitivo, 143

» Departamento de Logística ou unidade de negócios?, 145

Considerações finais, 148

Referências, 151

Sobre os autores, 158

Apresentação

Muito se tem falado e escrito a respeito de logística e das questões a ela relacionadas. Certos conceitos ou enfoques vêm sendo trabalhados por alguns profissionais menos criteriosos que, ao simplificar o tratamento, por falta de atenção ou mesmo negligência, mesclam abrangentes conceitos de logística com a simples movimentação de itens, quer sejam de materiais, quer sejam de peças em processos ou ainda de produtos acabados.

Atualmente, as empresas obtêm sucesso e perenidade

caso possuam, em relação aos seus concorrentes, algum diferencial que venha a ser percebido pelo cliente e que contribua para a sua tomada de decisão. Observamos, quanto a isso, que muitas são as formas para conseguir diferenciar-se no mercado, e o histórico da administração moderna permite que percebamos as etapas da evolução do processo de diferenciação. Pois:

» a diferenciação passou a acontecer na produção relacionada com velocidade, quantidade e padronização;
» a relação da qualidade com o produto específico caracterizou esta fase;
» o *marketing* e a propaganda passaram a ser os mecanismos usados pelas empresas para competir no mercado;
» o atendimento ao cliente tornou-se algo de extrema importância;
» a logística resultou em elemento de diferenciação que surgiu recentemente.

Consequentemente, conforme as empresas passaram por cada uma dessas fases de evolução da diferenciação competitiva, incorporaram os conhecimentos adquiridos em cada uma delas. Por exemplo: após passar pela fase da qualidade, esta se torna algo imprescindível para que o produto ou o serviço continuem no mercado e, por conseguinte, se tal empresa não manter determinado nível de oferta, ela fica fora do mercado.

O mesmo aconteceu com todas as outras etapas e tende a ocorrer com a logística, que está sendo o mecanismo que várias empresas utilizam como diferencial competitivo, pois o que percebemos é que a fidelidade dos clientes está diretamente ligada ao cumprimento e ao atendimento das suas necessidades, especialmente no momento atual, que é de intensa concorrência.

Nesse contexto, vale ressaltar a reestruturação interna de certas empresas que investiram nas questões financeiras e em processos produtivos nas últimas décadas do século XX. Nesse sentido, o que observamos é que cada vez mais as empresas precisarão de um trabalho de logística integrado e qualificado para manterem-se competitivas no mercado. Tal fator deve ser considerado prioritário, assim como as áreas de atendimento ao cliente e o *marketing* promocional.

Embora a logística só possa vir a ser considerada um diferencial empresarial quando as empresas envolvidas perceberem a importância do trabalho logístico integrado, tanto internamente quanto em relação à sua cadeia produtiva, é a integração, em pleno desenvolvimento e harmonia, que possibilita às empresas que compõem tal cadeia o ganho de mercado, por meio do aumento da competitividade e da eficiência, portanto a consequente melhora nos resultados.

Desse modo, podemos considerar a logística componente imprescindível e com presença marcante em uma cadeia de suprimentos ou, mais especificamente, peça fundamental para o seu bom funcionamento. Nesse caso, é bastante lógico e comum que os assuntos de uma se inter-relacionem com os da outra, ou seja, não raras vezes são abordados fatos que requerem análise de ambos os lados, uma vez que a logística está intimamente ligada à cadeia de suprimentos, portanto, no decorrer da obra, os temas serão abordados simultaneamente, sem que suas peculiaridades sejam perdidas. Isso porque o sucesso não depende apenas da eficiência da principal empresa de uma cadeia, mas da ação conjunta de todos os seus componentes, por conseguinte, é a boa comunicação e o relacionamento entre os membros de uma mesma cadeia produtiva que definem quais serão as empresas que estarão ou não presentes no mercado de forma competitiva e vencedora.

A logística é responsável pelo processo que faz com que o produto final ou serviço chegue ao consumidor na hora certa, no lugar certo, da forma correta, ao menor custo possível e mantendo os padrões de qualidade exigidos pelo cliente. Portanto, é muito mais que simples modismo de mercado, visto a grande quantidade de artigos, *papers* e livros produzidos sobre o assunto. Nesse contexto, destacam-se a edição de cursos, feiras e congressos, em especial a Cranfield University School of Management, na Inglaterra*, e nos Estados Unidos, o Council of Supply Chain Management Professionals (CSCMP)** – onde são ministrados mestrados e doutorados na área.

No Brasil, apesar de algumas instituições já estabeleci-

---

* Informações no site: <http://www.som.cranfield.ac.uk>.
** Antigo Council of Logistic Management. Informações no site: <http://www.cscmp.org>.

das, como a Universidade Federal do Rio de Janeiro, disponibilizarem material de qualidade por meio impresso e via internet, desde 1996, além da realização da promoção anual de fóruns de discussão, os estudos são ainda incipientes. É nesse contexto que esta obra se insere, com o propósito de oferecer subsídios elucidativos sobre a logística e sua teia de relações. Assim, após a apresentação das principais definições, bem como de algumas rápidas referências a questões históricas, relacionamos o tema e as teorias adjacentes com a prática de empresas reais e suas múltiplas conjunturas: econômicas, sociais e ambientais.

CONCEITOS GERAIS E CORRELAÇÕES

Este capítulo tem como objetivo principal a contextualização da logística, pois é de fundamental importância que alguns conceitos estejam bem definidos e claros, para que assim o entendimento do tema possa acontecer naturalmente.

Após a definição, relacionamos os processos correlatos: cadeia produtiva, cadeia de suprimentos, canais de distribuição, logística, aliança empresarial, parceria empresarial, ferramentas logísticas e competitividade empresarial.

Conceitualmente, a cadeia de suprimentos abrange várias outras partes, ou seja, ela é considerada num enfoque global/geral como visão estratégica. Os elementos que auxiliam no processo de operacionalização do gerenciamento da referida cadeia – cadeia produtiva, canais de distribuição, logística, aliança empresarial, parceria empresarial e ferramentas de acompanhamento de resultados – são apresentados a seguir, em uma sequência que acompanha a lógica operacional.

» Cadeia de suprimentos

Uma das áreas que mais influencia o bom andamento e a maior competitividade de cada cadeia é a logística.

Conforme o CSCMP (2006), percebemos que é a logística que interliga e dita o ritmo, pois seu campo de atuação é a sincronização entre recebimento, armazenagem, transporte e distribuição de materiais e produtos acabados, além do controle dessas operações.

Para que a logística atue da melhor forma, é fundamental que o fluxo de informações aconteça livremente no que diz respeito às necessidades de materiais, prazos de entrega, quantidades, lançamentos de novos produtos, ampliação de mercados e/ou capacidades, entre outras.

Todas essas informações devem ser compartilhadas sempre que se fizer necessário, pois, se isso não acontecer, o

resultado logístico final será prejudicado, podendo interferir no aumento dos custos envolvidos.

Além disso, pode impactar (positiva ou negativamente) a satisfação do cliente, a imagem da empresa e do produto e/ou serviço no mercado, já que "as metas da logística são as de disponibilizar o produto certo, na quantidade certa, no local certo, no momento certo, nas condições adequadas para o cliente certo ao preço justo" (Ferraes Neto; Küehne Júnior, 2004, p. 44).

Para que essas metas possam ser atingidas com a necessária eficácia, em uma cadeia podem listar-se, basicamente, os seguintes grupos de participantes:

» fornecedores (diretos e do fornecedor);
» distribuidores e varejistas;
» empresa principal (da cadeia produtiva);
» cliente final;
» transportadores.

É conveniente salientarmos que os fornecedores são aqueles de quem são adquiridas as matérias-primas e/ou os insumos que serão utilizados pela indústria de transformação para chegar ao produto final. Nesse contexto, a empresa principal é a que transforma os insumos utilizados para a obtenção do produto final. É esta o elo que detém o poder de definir quando e quanto deverá ser produzido, sendo, também, a responsável pelo maior ganho de valor agregado ao produto.

Distribuição e/ou varejo é o elo responsável por armazenar desde a matéria-prima até o produto acabado, passando por peças de reposição e manutenção, quando for necessário. Tanto os distribuidores quanto os varejistas podem utilizar vários ou apenas um canal de distribuição* para atender uma única cadeia de suprimentos.

Os transportadores são os responsáveis pela interligação entre fornecedores, empresa principal, distribuidores, varejistas e clientes, com eficiência e eficácia (no tempo acordado), por meio dos canais de distribuição, para que não ocorram lapsos de tempo na produção, impedindo que o produto seja finalizado por falta de matéria-prima ou de algum componente qualquer. Também não deve ocorrer falha dos transportadores na entrega dos produtos acabados, nos pontos de venda, pois há o risco de perder vendas e, inclusive, os clientes finais.

Clientes finais ou consumidores finais compõem o último grande grupo presente na cadeia de suprimentos, sendo que é nesse grupo que desembocam todos os demais.

Assim, podemos dizer que cadeia de suprimentos é o processo dentro do qual um número qualquer de entidades de negócios – que podem ser fornecedores, fabricantes, distribuidores ou varejistas – formam uma cadeia (conforme mostra a figura a seguir) com o objetivo de adquirir matérias-primas, convertê-las em determinados produtos e, posteriormente, disponibilizar os produtos acabados e/ou serviços ao cliente final (Fleury et al., 2000).

---

* Existem vários tipos de canais de distribuição, que serão explanados posteriormente por serem de fundamental importância dentro dos fluxos logísticos.

» Figura 1.1 – Participantes da cadeia de suprimentos

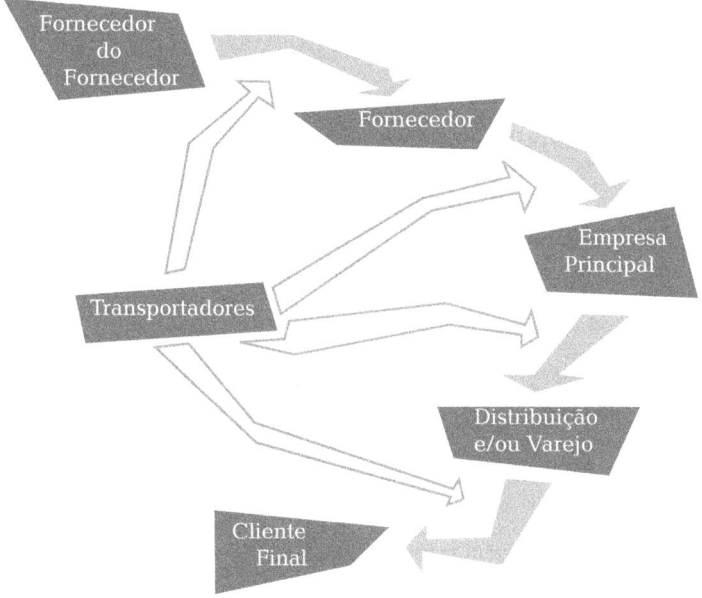

Além do exposto, uma cadeia de suprimentos também pode ser descrita como sendo uma rede ampliada de relacionamentos de permuta, que devem existir para a criação de qualquer produto ou serviço a um cliente final.

A coordenação e/ou a gestão de uma cadeia de suprimentos, em um processo integrado, são, fundamentalmente, o relacionamento entre clientes e fornecedores. Portanto, resumindo, uma cadeia de suprimentos é a atividade diferenciada e necessária para que o produto e/ou o serviço tenham valor agregado e sejam diferenciados no mercado.

» Cadeia produtiva

Uma cadeia produtiva pode ser definida como sendo um conjunto de atividades das diversas etapas de transformação de matérias-primas básicas em produtos finais acabados.

Ela pode também ser entendida como a ampliação da cadeia de suprimentos, porquanto nesse tipo de cadeia envolvem-se outros setores (planejamento, *marketing*, vendas e produção, entre outros) não apresentados na de suprimentos. Portanto, a sua amplitude é muito maior do que a da anterior (suprimentos), motivo pelo qual é mais difícil encontrar uma cadeia produtiva funcionando em perfeita harmonia.

A cadeia produtiva surgiu da crescente divisão do trabalho e da maior interdependência entre os agentes econômicos, tais como fornecedores, indústrias e comércios. Além disso, as pressões competitivas facilitam a sua criação por exigirem maior integração e coordenação entre as atividades.

Vemos, então, que ela pode ser descrita como um conjunto de etapas consecutivas, necessárias para que o bem e/ou o serviço possa ser disponibilizado no mercado.

Atualmente, devido à grande competição existente entre as empresas, sejam de qualquer setor, torna-se cada vez mais difícil para uma delas em especial manter-se competitiva sozinha. Esse é um dos principais motivos pelo qual as cadeias produtivas foram desenvolvidas, pois a partir do momento em que estas passaram a atuar, surgiu também uma variação de competitividade entre elas.

» Canais de distribuição

Podemos definir canal de distribuição como sendo as formas usadas por uma empresa para escoar seus produtos até outras empresas e/ou clientes finais. Isso pode acontecer, por exemplo, por meio de atacadistas, varejistas, distribuidores, representantes etc.

A maioria das empresas utiliza intermediários para viabilizar o canal de distribuição escolhido porque existem algumas vantagens nisso, uma vez que "por meio de seus contatos, experiência, especialização e escala operacional, os intermediários geralmente oferecem à empresa mais do que ela conseguiria por conta própria" (Kotler; Armstrong, 2004). Tal fato ocorre, principalmente, porque os intermediários podem ser considerados especialistas em sua área, oferecendo serviços e conhecimento do ramo com muito mais qualidade e com menor custo em relação ao mesmo trabalho se operacionalizado pela própria empresa.

O foco da empresa principal de uma cadeia deve ser, por exemplo, a produção e o desenvolvimento de novos produtos para atender o cliente final e não em qual modalidade de transporte estes serão escoados até o cliente final.

Existem basicamente duas formas de distribuição: a direta e a indireta.

A distribuição direta acontece quando a empresa que está ofertando o produto e/ou o serviço atua diretamente com

os seus clientes finais. Um exemplo é o que acontece com produtos sob encomenda ou com altíssimo valor agregado, como a produção de um avião.

Observamos, na Figura 1.2, um exemplo de estruturação da distribuição direta.

» Figura 1.2 – Canais de distribuição direta

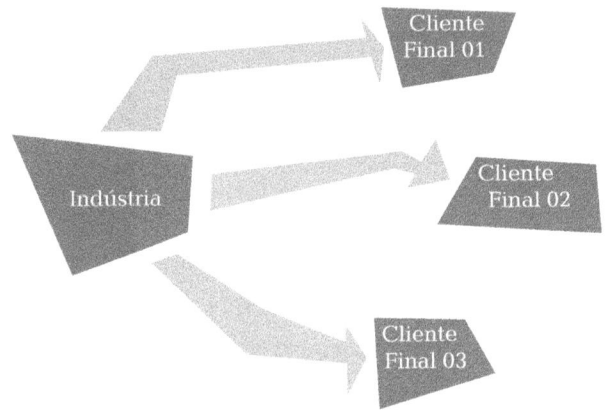

Já na distribuição indireta existe a presença de um intermediário no processo e ela pode ser dividida em três formas ou situações, que descrevemos na sequência.

» Situação A: ocorre quando entre os clientes finais e a indústria produtora existe somente a participação do comércio varejista. Esse caso acontece comumente com produtos de massa de baixo valor monetário e de venda por unidade, por exemplo, frutas e verduras.

» Figura 1.3 – Canais de distribuição indireta (situação A)

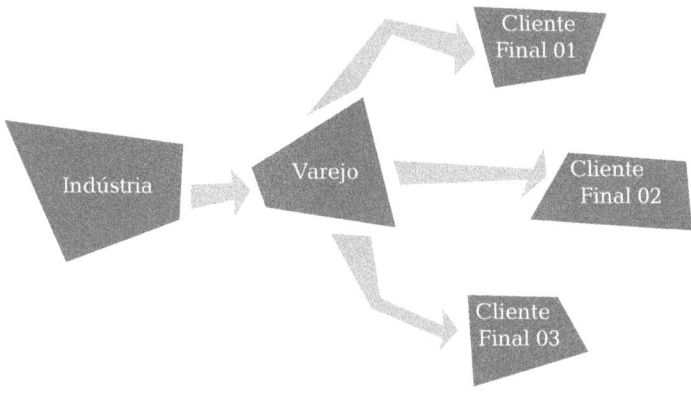

» Situação B: acontece quando entre a indústria produtora dos artigos finais e o comércio varejista existe o distribuidor, responsável que age como elo de ligação entre essas partes. Essa situação costuma ser encontrada em produtos de massa, como eletrodomésticos.

Figura 1.4 – Canais de distribuição indireta (situação B)

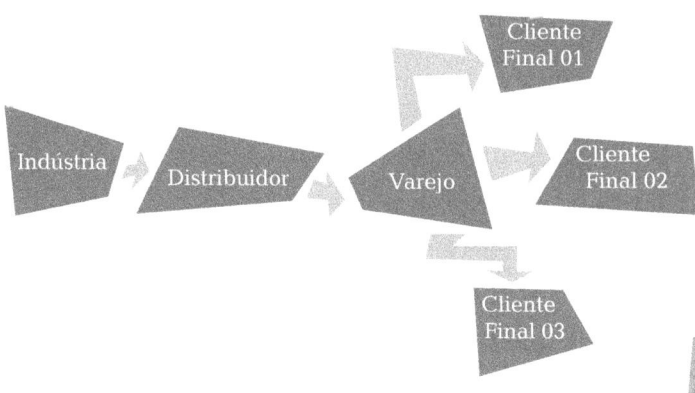

» Situação C: ocorre quando há a presença do representante da indústria produtora de artigos finais (elo entre produtor e distribuidor) com o comércio varejista, o qual, por sua vez, é o encarregado de colocar os produtos à disposição dos consumidores finais. Essa situação encontramos comumente em importações e exportações, pois facilita a penetração no mercado exterior e melhora a comunicação entre os participantes.

Figura 1.5 – Canais de distribuição indireta (situação C)

» Logística

A logística tem se apresentado como algo paradoxal, pois ela é "uma das atividades econômicas mais antigas e um dos conceitos gerenciais mais modernos" (Fleury et al., 2000, p. 27). Podemos dizer, resumidamente, que a função logística é responsável por comprar, armazenar e distribuir materiais e produtos acabados por toda a linha de produção e pela cadeia produtiva, ao menor custo possível e no prazo necessário, incluindo também "todas as formas de movimento de produtos e informações" (Dornier et al., 2000, p. 39).

Com base nos diferentes e complementares conceitos de logística, é possível percebermos que é fator fundamental para que as empresas atinjam seus objetivos de longo prazo, em especial aqueles vinculados à cadeia produtiva onde estejam inseridas.

» Quadro 1.1 – Definições de logística

Autor	Conceito
Ballou (1993, p. 15)	Estuda como a administração pode prover melhor nível de rentabilidade nos serviços de distribuição aos clientes e aos consumidores por meio de planejamento, organização e controle efetivos para as atividades de movimentação e armazenagem que visem facilitar o fluxo de produtos.
Bowersox et al. (1986, p. 26)	É um esforço integrado com o objetivo de ajudar a criar valor para o cliente ao menor custo total possível.
Christopher (1997, p. 2)	Processo de gerenciar estrategicamente a aquisição, a movimentação e a armazenagem de materiais, peças e produtos acabados (e os fluxos de informações correlatas) por intermédio das organizações e dos seus canais de *marketing*, de modo a poder maximizar as lucratividades presentes e futuras, por meio do atendimento dos pedidos a baixo custo.

(continua)

(Quadro 1.1 – conclusão)

Autor	Conceito
Council of Supply Chain Management Professionals (CSCMP) (1995)	Processo de planejamento, implantação e controle eficiente e eficaz do fluxo e da armazenagem de mercadorias, serviços e informações relacionadas desde o ponto de origem até o ponto de consumo, com o objetivo de atender às necessidades do cliente.*
Dornier et al. (2000, p. 39)	É a gestão de fluxos entre funções de negócio.
Instituto de Movimentação e Armazenagem de Materiais (IMAM) (2000, p. 1)	Processo que integra, coordena e controla a movimentação de materiais, o inventário de produtos acabados e as informações relacionadas (dos fornecedores), por meio de uma empresa para satisfazer às necessidades dos clientes.

» Aliança empresarial

As alianças empresariais dentro da mesma cadeia produtiva estão se tornando cada vez mais relevantes para o sucesso empresarial. Esse enfoque é tão essencial que vários estudos têm sido objeto de pesquisa. Autores como Dornier, Fleury, Chopra e Meindl, Bowersox et al., Ballou, entre outros, têm abordado a importância das relações empresariais e o resultado das operações logísticas. Ou seja, se o produto ou o serviço

---

* Do original: *Logistics Management is that part of Supply Chain Management that plans, implements, and controls the efficient, effective forward and reverse flow and storage of goods, services and related information between the point of origin and the point of consumption in order to meet customers' requirements.*

atender às necessidades do público-alvo, a empresa tende a alcançar os seus objetivos maiores, com lucro máximo.

Caso o produto ou o serviço não estejam disponíveis no momento em que os seus integrantes necessitarem, a atividade de todos os outros componentes (empresas) pode ficar comprometida e, por consequência, os clientes finais tenderão a consumir produtos e/ou serviços de concorrentes.

Ao analisarmos o exposto, percebemos que se a logística e a interação entre as empresas de uma mesma cadeia não estiverem funcionando de forma sincronizada e eficiente, a empresa estará perdendo competitividade e agilidade na prestação do seu serviço ou no fornecimento do seu produto.

Tais fatores são fundamentais para que as empresas consigam manter-se competitivas em qualquer mercado de atuação, pois o vínculo entre aquelas que possuem uma aliança empresarial é muito maior do que o existente entre as que mantêm apenas um contrato de prestação de serviços.

Para que duas ou mais empresas se tornem aliadas, primeiramente, devem ser parceiras. Isso porque a aliança não se constrói de uma maneira repentina, pois não basta que as empresas envolvidas decidam tornar-se aliadas, é preciso muito tempo de relacionamento, envolvimento e comprometimento entre as partes. Assim sendo, podemos comparar uma aliança empresarial ao processo de casamento, onde pessoas diferentes constroem objetivos comuns.

Os negócios entre as empresas aliadas acontecem de forma a beneficiar as duas em curto, médio e longo prazos, ambas se relacionando como se fossem do mesmo grupo empresarial e possuíssem os mesmos objetivos. Quando atingem esse nível de relacionamento, a troca de informações acontece de maneira livre para as envolvidas, o que contribui para o sucesso empresarial de todas, ou seja, a cadeia produtiva, onde estão inseridas, apresenta um grau de competitividade maior em relação às demais.

» Parceria empresarial

A parceria empresarial ocorre quando duas ou mais empresas mantêm um bom relacionamento, a partir de certo tempo.

É considerado um bom relacionamento quando há o cumprimento, entre as partes, de pontos específicos, acertados anteriormente ao contrato. Tal situação que gera, consequentemente, uma maior confiabilidade entre os envolvidos. Isso porque, quando as empresas são parceiras, respeitam prazos, quantidades, níveis de desenvolvimento e de qualidade estabelecidos umas com as outras, mantendo, porém, cada uma delas, a sua individualidade, em especial quanto às informações de ordem estratégica.

» Ferramentas logísticas

As ferramentas logísticas são formas de melhor controlar e gerenciar o processo logístico como um todo. Para tal, as empresas devem valer-se de instrumentais de qualidade que possibilitem alcançar, da melhor forma possível, os objetivos pretendidos.

Entre as ferramentas de qualidade voltadas às questões logísticas, podem ser identificadas: matriz GUT*, gerenciamento de estoques (WMS)**, roteirização, diagrama de Ishikawa, análise de Pareto, histogramas, gráficos sequenciais e diagramas de correlação.

Todas essas ferramentas podem ser utilizadas para controle de estoque, de armazenagem, de distribuição, de transporte, entre outros. Muitas são operacionalizadas com base em programas de computador, a fim de facilitar e agilizar o processo, além de fornecerem informações de forma mais rápida e eficaz.

» Logística e economia

A questão econômica, tanto para as pessoas físicas quanto para as jurídicas, é marcada pela tentativa de resolvermos a relação entre os recursos produtivos disponíveis (que são finitos) e as necessidades (que são infinitas) a serem satisfeitas.

O comércio entre pessoas físicas e/ou jurídicas, por conseguinte entre países, vem ocorrendo há muito e exigindo,

* Gravidade x Urgência x Tendência.
** Warehouse Management System.

em especial na atualidade, altos graus de competitividade, visto a pressão das multinacionais na busca pela maximização dos lucros.

Há uma exigência de adaptação ao mercado mundial, em consonância com a sua atual realidade: novas tecnologias e técnicas de gestão, busca constante pela otimização dos custos e, minimamente, a manutenção de competitividade no mercado.

> *Como características desse novo processo, têm-se [sic] as cadeias de suprimento e distribuição por meio de redes capazes de reduzir estoques, perdas, períodos de altas e baixas no volume de produção, consequentemente tornando os processos produtivos mais rápidos, eficientes e, portanto, mais eficazes.*
> (Campos, 2004, p. 45)

Observamos, então, que as técnicas de gestão de empresas estão sendo alvo de alterações constantes e significativas, fato acentuado pelo processo de globalização, sendo que este produz impacto econômico e político. Nesse cenário, o ideal é que a empresa ofereça produtos e/ou serviços utilizando-se cada vez mais de menos recursos, na tentativa de aumentar a sua competitividade.

> *A atividade fundamental da empresa é a produção, e seu principal objetivo é maximizar o lucro. Para isso, a empresa deverá ajustar os fatores que emprega – isto é, trabalho, maquinaria e planta – de tal forma que minimize o custo de produção da quantidade oferecida.* (Troster; Morcillo, 2002, p. 81)

Por mais intuitivo e mercadológico que possa ser, é mandatório que o atendimento às necessidades dos clientes seja feito e até mesmo a procura por superar as suas expectativas, contudo o fator fundamental, nas empresas, é a busca pelo lucro empresarial, em especial a sua maximização, pois é uma questão de sobrevivência.

>>> A logística e as necessidades do consumidor

Conforme já foi comentado, há uma constante tentativa de satisfazer às necessidades dos clientes, utilizando-se da melhor maneira possível os recursos que são, por definição, escassos.

As necessidades de consumo são inerentes às pessoas, e as empresas devem buscar identificar tais desejos com o propósito de real atendimento, sem perder o foco empresarial. As necessidades humanas, conforme Maslow (1970), podem ser classificadas em fisiológicas, de segurança, sociais, de *status* e estima e, finalmente, de autorrealização.

» Figura 1.6 – Pirâmide de Maslow

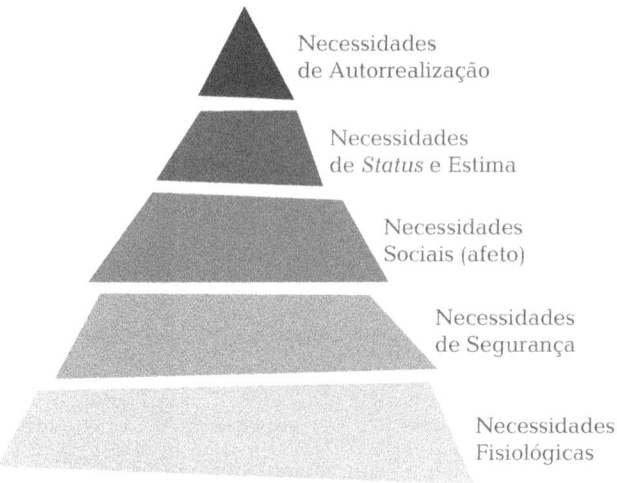

Fonte: Elaborado com base em Maslow, 1970.

Com base nos estudos de Maslow, configura-se a importância que há no cuidado da empresa em conhecer em que estágio da pirâmide seus clientes encontram-se para, assim, poder atendê-los da forma mais adequada, visto que as pessoas procuram suprir suas necessidades de baixo para cima e de maneira gradual, ou seja, completam um nível para alcançar o outro mais elevado.

Além da importância da participação dos funcionários, há também, do ponto de vista externo, o atual cenário internacional e a influência causada por vários agentes, dentre os quais se destacam: globalização, desregulação e privatização, volatilidade, convergência e padrões, diluição das fronteiras entre os setores envolvidos, desintermediação, bem como sensibilidade ambiental.

» Globalização

Processo de internacionalização do capital, reforçado pelo fenômeno político. Há que considerar que o uso das telecomunicações reduziu as distâncias, favorecendo assim o comércio entre as nações. Na atualidade, com o aparecimento das empresas transnacionais*, o comércio é caracterizado pelas transações entre empresas, independentemente do país de origem ou no qual estejam sediadas.

O capital** tem pouca ou nenhuma consideração em relação à nacionalidade, vislumbrando apenas adequados resultados financeiros futuros.

» Desregulação e privatização

As empresas privadas têm uma mobilidade maior que as públicas em vários aspectos, em especial no tocante à toma-

---

* Transnacionais: "organizações com capital livre, sem identificação nacional específica e com administração internacionalizada, podendo localizar-se em qualquer lugar do mundo para obter retornos mais seguros ou mais elevados de seus investimentos" (Carvalho, 2005, p. 161).

** Capital: um dos fatores de produção. Dinheiro utilizado para investimentos e despesas.

da de decisão e à velocidade nas alterações de fornecimento, tanto de produtos quanto de serviços. Por isso, o cenário mundial, apesar de certas divergências, tem apresentado um processo de facilitação das transações comerciais por meio da privatização* de empresas.

» Volatilidade

Entendemos volatilidade como a qualidade de se vaporizar. Por extensão, podemos também considerar a característica de um produto ou serviço com vida útil muito curta. Em consequência dessa característica, bem como de uma estrutura voltada para pesquisa e desenvolvimento de novos produtos e serviços, as empresas investem em métodos e processos de manufatura com o fim de conseguirem os melhores resultados (Davis et al., 2001).

Além disso, juntamente com as necessidades infinitas apresentadas pelo grande público, "muitas empresas concluem que o desenvolvimento e a introdução de novos produtos são cruciais para a sua sobrevivência e o seu crescimento" (Keegan; Green, 2000, p. 343).

» Convergência e padrões – igualdade e diferenciação

Quase que como decorrência do item anterior, a convergência de interesses, ações e atitudes com base nos padrões de qualidade induzem a uma tendência generalizada.

Em vários produtos não são mais encontradas as caracte-

---

* Privatização: processo de transformação de empresa pública em privada; também conhecido como processo de desestatização.

rísticas com propósitos de atendimento regional, mas sim global, pois "à medida que o desenvolvimento do mercado internacional continua a criar oportunidades, os profissionais de *marketing* devem ser capazes de avaliar o ambiente externo numa escala global" (Churchill Junior; Peter, 2000, p. 64).

Observamos, então, que marcas como McDonald's, IBM, Nike, Xerox e Petrobras, entre outras, são de âmbito mundial. Ou, ainda, o *design* de produtos como automóveis, aparelhos de som e imagem, refrigeradores e micro-ondas seguem uma tendência geral natural, quase um padrão oficialmente estabelecido.

De forma geral, apesar de o nível de exigência do público consumidor estar cada vez maior, temos a impressão de que todos desejam mais ou menos as mesmas coisas, com a mesma padronização.

» Diluição das fronteiras entre os setores

Para que uma empresa concretize o propósito do bom atendimento, há que se preparar para tal, sendo a diluição das fronteiras entre os setores envolvidos um fator facilitador para que se maximize o valor global gerado pela cadeia de suprimentos.

Por *diluição das fronteiras* entendemos a maior proximidade entre as partes, configurando um maior e melhor relacionamento comercial e operacional, na busca de melhores resultados para os envolvidos.

"A lucratividade da cadeia de suprimento é o lucro total a ser dividido pelos estágios da cadeia de suprimento. Quanto maior sua lucratividade, mais bem-sucedida será a cadeia de suprimento" (Chopra; Meindl, 2003, p. 5, grifo do original).

» Desintermediação

Como consequência da diluição de fronteiras na busca constante por maior lucratividade, as empresas mais produtivas analisam-se no contexto da cadeia de suprimento e, quando for o caso, alteram sua forma de ação.

Quanto maior for a redução de intermediários no processo de compra e venda, maior será a influência na cadeia de suprimento e na empresa em questão. Um exemplo clássico pode ser observado em empresas que vendem pela internet, reduzindo vários intermediários no processo. Nessa situação, podemos citar a Dell Computers*, fundada em 1984, que iniciou seu comércio sob encomenda fazendo o atendimento direto ao cliente final.

» Sensibilidade ambiental

Na busca por uma colocação cada vez melhor nos diferentes mercados (atuais ou futuros), as empresas proativas procuram antecipar-se às exigências mercadológicas. Nesse sentido, a sensibilidade ambiental de uma empresa é o "grau de adaptação às necessidades culturais específicas dos diferentes mercados nacionais" (Keegan, Green, 2000, p. 105).

Com os movimentos das várias Organizações Não Governamentais (ONGs), atuantes nas diversas partes do planeta,

---

* Maiores informações no site: <http://www1.la.dell.com>.

muito se tem discutido sobre as questões relativas aos impactos ecológicos, pois "Quanto maior a sensibilidade ambiental de um produto, tanto mais os administradores da empresa têm de atentar para as condições econômicas, regulamentadoras, tecnológicas, sociais, culturais e ambientais específicas do país" (Keegan, Green, 2000, p. 105).

Por isso, reforçamos a necessidade de as empresas estarem mais atentas às exigências ambientais relativas aos processos de compra e venda em um mercado cada vez mais globalizado.

No atual cenário mercadológico mundial, com tais mudanças apresentando-se de forma constante, há uma exigência cada vez maior da necessidade de compreender o cliente, de maneira abrangente, ou seja, de forma personalizada e de acordo com a área de ação em que ele se encontra.

» Logística empresarial

As abordagens a respeito da logística vêm se tornando cada dia mais comuns nos meios empresariais. Autores, pesquisadores, empresários especializados na área, além de curiosos sobre o assunto, têm apresentado enfoques diferentes da mesma matéria. Porém, é de consenso geral que alguns dos pontos apresentados a seguir estejam presentes nas discussões a respeito da logística, em especial da logística empresarial.

Consideramos a logística empresarial como uma função essencial na empresa, pois aborda áreas relativas ao planejamento (geral, de produção e de materiais), à administração (estoques de materiais, manuseio e controle), à distribuição física (movimentação e transporte), além das operações locais e globais.

Nesse contexto, notamos que as empresas que estão voltadas à otimização dos processos e dos seus respectivos custos podem fazer uso da competência advinda do adequado uso da logística empresarial, pois a competência logística decorre da avaliação relativa à capacidade de uma empresa para fornecer ao cliente um serviço competitivamente superior ao menor custo total possível (Bowersox; Closs; Helferich, 1986).

> *A logística empresarial estuda como a administração pode prover melhor nível de rentabilidade nos serviços de distribuição aos clientes e consumidores, através de planejamento, organização e controle efetivos para as atividades de movimentação e armazenagem que visam facilitar o fluxo de produtos.*
> (Ballou, 1993, p. 17)

O conceito citado é consenso entre os profissionais da área, porquanto evidencia a utilização da logística empresarial especialmente no que diz respeito à otimização de custos na busca constante dos lucros pelas organizações.

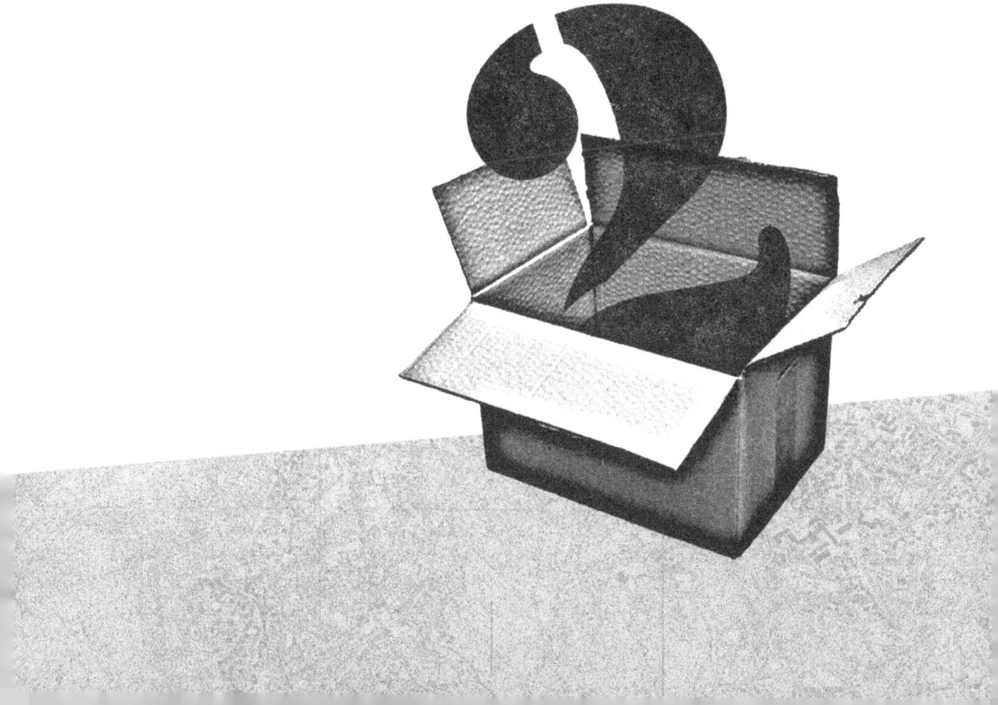

FLUXOS LOGÍSTICOS

Não basta saber que a demanda afeta todo o processo produtivo, desde o primeiro fornecedor até o último cliente. A adequada administração do abastecimento de forma integrada exige o conhecimento dos impactos causados (presentes e futuros) nas organizações envolvidas, assim como na sociedade em geral. Sob esse prisma, neste capítulo, desenvolvemos alguns tópicos com o objetivo de visualizarmos os fluxos decorrentes da atividade da logística que possibilita estruturar a cadeia de abastecimento integrada, a qual é de suma importância para as organizações.

"O perfeito entendimento da cadeia de abastecimento integrada tem sido reconhecidamente um fator de vantagem competitiva para as organizações que efetivamente entendem seu papel estratégico" (Bertaglia, 2003, p. 3). Assim, observamos que as organizações, na busca de um melhor resultado operacional, têm como objetivo estar em todos os lugares com produtos acessíveis para todos os consumidores.

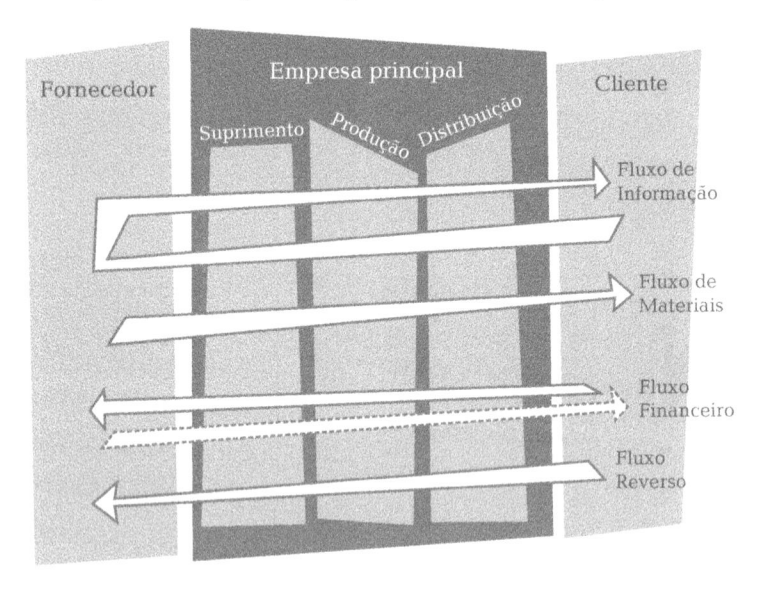

» Figura 2.1 – Esquema explicativo dos fluxos logísticos

![Esquema explicativo dos fluxos logísticos mostrando Fornecedor, Empresa principal (Suprimento, Produção, Distribuição) e Cliente, com Fluxo de Informação, Fluxo de Materiais, Fluxo Financeiro e Fluxo Reverso]

Conforme observamos na figura anterior, em resposta a essa necessidade das empresas, verificamos que em toda atividade logística podem ser encontrados, basicamente, dois fluxos principais: o de materiais e o de informações. Em decorrência deles, há também o financeiro e o reverso, sendo que cada um desses fluxos possui características e funções específicas dentro da logística.

» Fluxo de informações

As informações são de grande importância, quer no mundo pessoal, quer no profissional. Representam, em muitos casos, oportunidades de exercer um poder acima da média (para aqueles que as possuem) em relação ao dos concorrentes.

No que concerne a uma cadeia de suprimentos, o fluxo de informações acontece em qualquer sentido dentro dela, ou seja, de fornecedor para empresa; de empresa para fornecedor; de cliente para empresa; de empresa para cliente. Isso diz respeito a qualquer informação ou apresentação de dados que possam ser utilizados para a tomada de decisão. Entre essas informações, encontram-se relatórios de controle, indicadores, históricos, ordens de serviço, ordens de produção, estatísticas, pesquisas de demanda, entre outros.

Nesse contexto, podemos salientar a importância do fluxo de informações que "identifica locais específicos dentro de um sistema logístico em que é preciso atender a algum tipo de necessidade" (Bowersox; Closs; Helferich, 1986, p. 45).

Portanto a informação é uma ferramenta primordial para o adequado desempenho dos gestores das empresas e de todos aqueles envolvidos no processo.

» Fluxo de materiais

O fluxo de materiais pode ser definido como sendo a movimentação física de matérias-primas, insumos e, até mesmo, produtos acabados e semiacabados, no sentido do fornecedor para o cliente final, passando pela indústria transformadora. Ou seja, "as operações logísticas têm início com a expedição inicial de materiais ou componentes por um fornecedor, e terminam quando um produto fabricado ou processado é entregue a um cliente" (Bowersox; Closs; Helferich, 1986, p. 44).

Podemos citar, como exemplo, o caminho percorrido pelo plástico, em uma produção de garrafas PET*, até chegar à condição de embalagem do refrigerante pronto para o consumo.

Nesse exemplo de fluxo de material, o processo inicia-se na extração do componente principal, o plástico, que é transformado em partículas. A conclusão do processo ocorre na etapa de confecção de garrafas com o consecutivo envase e distribuição até o cliente final.

» Fluxo financeiro

O fluxo financeiro pode ser caracterizado como sendo a remuneração monetária resultante da comercialização e da entrega de produtos ou da prestação de serviços. É a principal receita que entra na cadeia produtiva, no sentido que

---

* Do inglês *polyethylene tereftalato* ou politerefatlato de etileno.

envolve cliente, indústria e fornecedores, sendo ainda responsável por remunerar todos os elos da referida cadeia.

A empresa pode ganhar nas questões logísticas e, para isso, há que atentar para os custos inerentes ao processo como um todo. Existe também um pequeno percentual que compõe o fluxo financeiro e corresponde ao retorno desse valor monetário ao cliente (sentido amplo fornecedor/indústria/cliente final).

Para exemplificar, é necessáro observar quais as situações que estão sendo responsáveis por esse pequeno fluxo financeiro. Entre elas, podemos encontrar o cancelamento de vendas ou o pagamento de multas por parte da empresa fornecedora.

Em consequência disso, quaisquer perdas não devem ser aceitas de uma maneira simplista, pois "os administradores buscam incessantemente identificar as atividades geradoras de custos, e utilizam suas experiências para baixar ou eliminar atividades da cadeia de valor que geram custos desnecessários" (Bertaglia, 2003, p. 47).

Por isso, atenção constante se faz necessária para otimização de custos e aumento dos lucros.

›› Fluxo reverso

O fluxo reverso, apresentado pelas operações logísticas, mostra basicamente as mesmas características do fluxo de materiais no que diz respeito ao tipo de materiais, porém acontece no sentido oposto, isto é, vem do cliente para o fornecedor ou para a indústria.

Algumas atividades podem ser enquadradas no fluxo reverso, tais como reciclagem, garantia, logística de resíduos, reaproveitamento de materiais, entre outras.

Mais recentemente, no Brasil, as empresas passaram a ter maior preocupação e atenção em relação ao fluxo reverso, uma vez que ele é capaz de gerar receita para a empresa, já que a logística pode também se caracterizar como uma área não apenas geradora de custos, mas também de lucros. Outro grande benefício da logística reversa (ligada ao fluxo reverso) é o bem-estar social e ambiental da comunidade em que a empresa está inserida.

No mercado atual, esse é um campo da logística que está em destaque cada vez maior, razão pela qual aprofundaremos o nosso estudo fazendo algumas considerações que pensamos serem convenientes para a compreensão desse processo.

››› Logística reversa

A logística reversa pode ser definida como "o processo de planejamento, implementação e controle do fluxo de matérias-primas, estoque em processo e produtos acabados (e seu fluxo de informação) do ponto de consumo até o ponto de origem, com o objetivo de recapturar valor ou realizar um descarte adequado" (Rogers; Tibbenlembke, 1999, p. 15).

Atualmente, ela passou a ser um diferencial competitivo, uma vez que aspectos referentes à reciclagem, ao reaproveitamento de materiais e ao tratamento de resíduos estão sendo cada vez mais valorizados pelos consumidores no momento da escolha da empresa em que irão comprar os produtos e/ou os serviços que utilizarão.

Além desse fator, é fundamental que as empresas se preocupem com esses aspectos também pelo fato dos recursos disponíveis serem escassos, porém as necessidades dos clientes não o são.

> *A logística reversa deve ser concebida como um dos instrumentos de uma proposta de produção e de consumo sustentáveis. Se o setor responsável desenvolver critérios de avaliação, fica mais fácil recuperar peças, componentes, materiais e embalagens reutilizáveis e reciclá-los. Essa etapa denomina-se de logística reversa para a sustentabilidade.* (Barbieri; Dias, 2002)

Observamos, portanto, que as empresas que tiverem o processo de logística reversa desenvolvido, durante o período em que os recursos começarem a esgotar-se, estarão mais preparadas para enfrentar o mercado.

A logística reversa pode ser representada como na figura a seguir:

» Figura 2.2 – Logística reversa

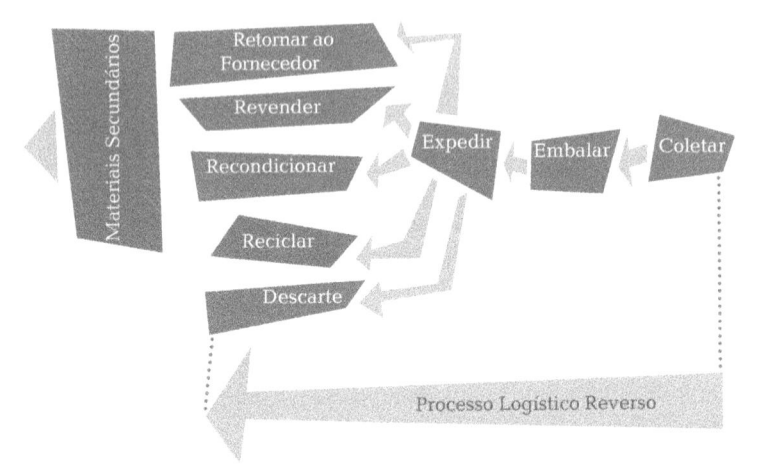

Fluxograma contendo os elementos: Materiais Secundários, Retornar ao Fornecedor, Revender, Recondicionar, Reciclar, Descarte, Expedir, Embalar, Coletar – Processo Logístico Reverso.

O processo de logística reversa pode destinar as mercadorias participantes de cinco formas, que são: retorno ao fornecedor, revenda, recondicionamento, reciclagem e descarte, sendo que cada uma dessas formas possui um objetivo, conforme veremos na sequência.

» Retorno ao fornecedor: caso o produto e/ou o material estejam em boas condições, são direcionados diretamente ao fornecedor que passa a utilizar e a repassar o produto normalmente, evitando, dessa maneira, a extração de recursos da natureza.

- » Revenda: se, após a análise do produto, for constatado que ele não possui as condições de retornar ao fornecedor, mas está passível de venda, será revendido e pode gerar renda para a empresa.
- » Recondicionamento: se, após a avaliação, for declarado que o material não pode ser utilizado diretamente pelo fornecedor ou não pode ser revendido, poderá ser recondicionado e retornar ao processo produtivo. Na maioria das vezes, o custo para o recondicionamento é menor se comparado à compra de materiais novos. Nesse caso, também ocorre proteção e preservação da natureza, pois há a economia de utilização de recursos naturais.
- » Reciclagem: em muitas ocasiões, o produto não pode retornar diretamente ao processo produtivo – ser revendido ou, ainda, ser recondicionado –, pois, algumas vezes, o custo é elevado para isso. Por outro lado, quando da utilização de material reciclado, é possível que este seja revendido a uma indústria de reciclagem e transforme-se em um novo produto com características muito semelhantes, provocando, assim, a economia de recursos e gerando receita para a empresa.
- » Descarte: por fim, se o material ou o produto não se enquadra em nenhuma das opções anteriores, ele é descartado. Logicamente que esse descarte deve acontecer da forma mais adequada, para que o produto cause o menor impacto possível no meio ambiente.

Além do exposto, o fluxo reverso de materiais também pode ser usado para manter os estoques reduzidos, diminuindo, dessa forma, o risco com a manutenção de itens de baixo giro.

> No caso de embalagens, os fluxos de logística reversa acontecem basicamente em função da sua reutilização ou devido a restrições legais, como na Alemanha, por exemplo, que impede seu descarte no meio ambiente. Como as restrições ambientais no Brasil, com relação a embalagens de transporte, não são tão rígidas, a decisão sobre a utilização de embalagens retornáveis ou reutilizáveis se restringe aos fatores econômicos. (Lacerda, 2002)

A eficiência da logística reversa é mais ou menos influenciada em razão de seu planejamento, controle, execução e informação constante, ao longo das atividades. Alguns desses fatores estão identificados na figura a seguir.

» Figura 2.3 – Fatores críticos para a eficiência do processo de logística reversa

- Bons Controles de Entrada
- Processos Mapeados e Formalizados
- Ciclo de Tempo Reduzido
- Sistemas de Informação Acurados
- Rede de Logística Planejada
- Relações Colaborativas Entre Clientes e Fornecedores

Fonte: Elaborado com base em Lacerda, 2002.

Apresentamos, na sequência, uma condensação da análise realizada por Lacerda (2002) dos seis fatores descritos na Figura 2.3, para que tenhamos um parâmetro da abrangência de tal atividade (logística reversa).

» Bons controles de entrada: é evidente que, para obtermos o melhor resultado possível, devemos identificar qual o estado de chegada dos materiais que estão retornando. Tal procedimento é fundamental para que o ciclo da logística reversa seja concluído da melhor forma possível, portanto, para que isso ocorra, devemos impedir que materiais não adequados possam seguir o ciclo. Em relação a esse aspecto, os produtos ou os materiais de retorno devem ser classificados segundo critérios que estabeleçam a possibilidade de revenda, de recondicionamento ou de reciclagem. Caso os sistemas de controle de entrada não sejam adequados, surgem dificuldades na sequência do processo, gerando custos adicionais e também a necessidade de novas entradas, ou seja, retrabalho. Tal situação pode levar a atritos entre fornecedores e clientes, seja pela falta de confiança, seja pelo acréscimo nos custos. Nessa situação, para obter-se um processo de controle de entradas adequado, é de fundamental importância que haja treinamento de pessoal. Pessoas qualificadas, nessa fase da logística reversa, fazem com que a continuidade do ciclo se dê de maneira mais eficaz e com maior eficiência.

» Processos mapeados e formalizados: entre as dificuldades encontradas para a implantação de um ciclo de logística reversa, podemos citar o mapeamento e a formalização de processos. Normalmente, a logística reversa é utilizada de forma esporádica. Mapear e formalizar processos não é uma tarefa fácil, mas é primordial que seja executada de forma correta, pois se os procedimentos de mapeamento e formalização são atingidos, isso ajuda para que a empresa tenha um controle mais eficaz, possibilitando, também, implantar processos de melhoria contínua.

» Ciclo de tempo reduzido: esse fator diz respeito ao reconhecimento da duração efetiva da linha de tempo mais adequada para produtos e materiais. A identificação da duração dessa linha de tempo possibilita distinguir com presteza o tempo necessário entre a necessidade de reciclagem ou de retorno dos produtos e/ou dos materiais e a efetiva necessidade de um novo processamento destes (materiais e/ou produtos). O caso de uma linha de tempo muito longa pode acabar gerando custos extras e desnecessários, tais como: atraso na entrada de caixa (venda de sucata), utilização de espaço físico para estocar os materiais e/ou os produtos que já não estão adequados para uso, entre outros aspectos. Quanto menor for o tempo de ciclo envolvido, menores serão os custos gerados no processo de logística reversa. Uma linha de tempo inadequada pode ser gerada por vários motivos. Os principais são: ineficácia dos controles de entrada, estruturas inadequadas de equipamentos e de pessoas para trabalhar com fluxos reversos e também inadequação no mapeamento e na formalização dos procedimentos e processos a serem utilizados.

» Sistemas de informação acurados: as empresas, ao adquirirem ou desenvolverem sistemas de informação adequados, possibilitam melhor capacidade de rastreamento dos retornos de materiais e/ou produtos, medição mais eficaz das linhas de tempo dos ciclos logísticos, bem como adequação das aferições do desempenho de fornecedores. Tais procedimentos fazem com que haja um levantamento de informações fundamentais para que sejam obtidas vantagens nos processos de negociação com os consumidores, coibindo abusos no retorno de produtos e/ou materiais. A maioria dos sistemas de informação disponíveis no mercado não foi desenvolvida para lidar com a complexidade de variáveis existentes nos fluxos da logística reversa nem com a necessária flexibilidade exigida por tais fluxos. Esse é um dos grandes desafios a serem enfrentados por qualquer empresa que pretenda se utilizar de fluxos da logística reversa com seus produtos e/ou materiais.

» Rede logística planejada: as empresas que se definirem por processos logísticos reversos devem estar preparadas para gerenciar adequadamente os fluxos de entrada de produtos e/ou materiais usados com os fluxos de saída de produtos e/ou materiais processados. Nesse processo, devem estabelecer dispositivos eficazes de coleta dos materiais e/ou produtos usados, interligando os diversos pontos de consumo (coleta), entregando-os nas instalações da empresa responsável pelos controles de entrada e classificação. Isso é fundamental para a implantação de processos logísticos reversos. Muitas vezes, as empresas tendem a utilizar as mesmas instalações para o fluxo normal de produção e para o fluxo reverso, no entanto essa pode não ser uma boa opção. Possuir instalações adequadas e dedicadas às diversas etapas do processo de fluxo reverso – recebimento e controle de entradas, separação e classificação, armazenagem, processamento, embalagem e expedição de materiais e/ou produtos retornados – mostra-se mais eficaz e pode ser uma boa solução, desde que a empresa possua capacidade para atender a quantidade envolvida no processo.

» Relações colaborativas entre clientes e fornecedores: vários fatores fazem com que ocorram devoluções de produtos e/ou materiais. Entre os mais fluentes estão as devoluções causadas por produtos danificados. Nos processos de devolução, é muito comum o surgimento de conflitos, principalmente os ligados à determinação da responsabilidade sobre o dano do produto. Além disso, normalmente as partes envolvidas no processo tentam jogar a culpa dos danos dos produtos e/ou dos materiais uns nos outros. Assim, os varejistas atribuem a culpa ou às transportadoras, ou aos fabricantes. Estes, por sua vez, tendem a suspeitar que esteja ocorrendo abuso por parte dos varejistas ou dos próprios consumidores. Tais procedimentos podem acarretar consequências muito ruins para todas as partes envolvidas, como o descrédito das instituições (sejam varejistas, sejam fornecedores ou fabricantes), prejudicando de maneira singular a imagem que os clientes possuem dos produtos e/ou dos serviços e, inclusive, provoca danos de difícil e onerosa reparação à própria marca da empresa. A não adoção de políticas claras e bem definidas para a aceitação de devoluções pode acabar acarretando custos extras e dispendiosos para todos os envolvidos no processo produtivo.

É evidente que práticas mais avançadas de fluxos logísticos reversos devem ser implementadas pelas empresas varejistas, fazendo com que as relações envolvidas se tornem mais colaborativas. Dessa maneira, com certeza, a relação com os consumidores sai fortificada e são consolidadas políticas de respeito ao consumidor final.

No Brasil, a legislação que trata de fluxos logísticos reversos é deficitária, consequentemente, as empresas ainda não perceberam a importância desse processo. Porém, com o aumento de informações disponíveis aos consumidores finais, essa relação está se desenvolvendo muito rapidamente, e já é grande o número de empresas que têm se preocupado em considerar esse processo – o dos fluxos da logística reversa – como fundamental.

Sendo assim, os custos iniciais adicionais com a implantação do referido fluxo e as futuras reduções advindas dessa implantação, bem como os possíveis acréscimos de receita, já estão presentes em estudos de diversas empresas, principalmente nas que querem se consolidar no mercado como empresas que se preocupam com o meio ambiente e com a qualidade de vida dos consumidores dos seus materiais e/ou dos seus produtos.

》》 Logística reversa e meio ambiente

A legislação ambiental força as empresas a observarem mais atentamente o ciclo de vida dos produtos que colocam à disposição do público, considerando o produto com relação ao que possa causar de impactos ambientais. Assim, as empresas que trabalham diretamente com a extração de recursos da natureza devem priorizar o desenvolvimento da logística reversa, pois os produtos não são fontes infinitas e não se renovam na natureza da mesma forma e na quantidade que são consumidos.

O consumo mundial, de forma geral e para qualquer mercadoria, tem aumentado constantemente em uma proporção cada vez maior, no entanto a natureza continua produzindo seus recursos na mesma velocidade que sempre produziu, e essa produção não consegue acompanhar a demanda crescente.

Um exemplo disso são os derivados de petróleo – entre os quais se destacam benzinas, óleo diesel, gasolina, alcatrão e polímeros plásticos –, consumidos em grande escala mundial. Como é um recurso não renovável (petróleo) e de custo alto, a tendência é que cada vez mais seus derivados sejam reciclados e reaproveitados.

Assim, como o exemplo citado, existem outros derivados de matérias-primas em processo semelhantes, o que coloca em risco a continuidade de algumas empresas. Portanto, as empresas que desenvolverem a logística reversa construirão uma relação sustentável com o ambiente natural, além de preservarem a continuidade de suas atividades, em razão da relação existente entre a industrialização e a necessidade de retirada da matéria-prima da natureza.

››› Logística reversa, venda de resíduos e redução de custos

> *Existem ainda outros setores da indústria [que não a do petróleo] em que o processo de gerenciamento da logística reversa é mais recente como na de eletrônicos, varejo e automobilística. Esses setores também passaram a ter que lidar com o fluxo de retorno de embalagens, de devoluções de clientes ou do reaproveitamento de materiais para produção.* (Lacerda, 2002)

Nesse contexto, a logística reversa tem proporcionado às empresas mais atentas certas possibilidades gerais de ganhos, inclusive os financeiros, pois reutilizar embalagens retornáveis tem estimulado cada vez mais essa sistemática em um mercado onde a competitividade deve ser alvo de preocupação constante.

> *Os processos de logística reversa têm trazido consideráveis retornos para as*

> *empresas. O reaproveitamento de materiais e a economia com embalagens retornáveis têm trazido ganhos que estimulam cada vez mais novas iniciativas e esforços em desenvolvimento e melhoria nos processos de logística reversa.* (Lacerda, 2002)

Nesse processo, a principal forma de proporcionar a redução de custos é por meio da obtenção de renda através da venda de produtos para empresas de reciclagem e empresas de reaproveitamento de produtos, resíduos, sobras, materiais etc. Outra forma é o encaminhamento de produtos e materiais novamente à linha produtiva, com o uso de reaproveitamento e recondicionamento de produtos. Esse modo de tratamento traz benefícios às empresas por tornar os materiais mais baratos quando comparados com o custo de compra de novos produtos. Isso porque são produtos reaproveitados que estão em condições de uso e que não precisam remunerar a empresa produtora.

>>> Logística reversa e reciclagem

A utilização do fluxo reverso por parte das empresas tem trazido a elas uma possibilidade real de ganhos relativos à reciclagem de materiais, notadamente com o retorno de garrafas. Nesse sentido, as siderúrgicas usam como insumo de produção em grande parte a sucata gerada por seus clientes e para isso usam centros coletores de carga. Também com relação à indústria de latas de alumínio é notável o seu grande aproveitamento de matéria-prima reciclada, tendo desenvolvido meios inovadores na coleta de latas descartadas (Lacerda, 2002).

Com base em tais dados, percebemos que o Brasil, como um todo, está muito bem posicionado no que diz respeito à reciclagem de alguns produtos, entre eles papel ondulado e latas de alumínio, sendo que 75% desses materiais são reciclados.

Por outro lado, a reciclagem de papel de escritório, em nosso país, mesmo estando próximo do melhor índice mundial, precisa melhorar muito. O volume envolvido é imenso, o que implica impacto ambiental. Considerando esse fator, empresas que se dedicarem ao fluxo reverso, além das reduções de custo, terão uma relação sustentável com a natureza.

» Quadro 2.1 – Índices de reciclagem 2004

	Taxa de captação de reciclagem (%)	
	Brasil	Mundo*
Papel escritório	35,0	37,0
Papel ondulado	77,3	73,9
Plástico filmes	17,5	22,0

(continua)

(Quadro 2.1 – conclusão)

Taxa de captação de reciclagem (%)		
Latas de alumínio	89,0	83,0
Latas de aço	39,0	86,0
Vidro	45,0	92,0

Fonte: Cempre, 2006.
* Nota: melhores valores do mundo – excluindo o Brasil.

Na reciclagem de vidros e latas de aço, o desenvolvimento precisa ser ainda maior, já que esses materiais compõem muitos outros produtos e sua degradação natural é extremamente lenta e difícil. Porém, ambos possuem alto nível de reciclagem e reaproveitamento, o que deve ser mais explorado a fim de evitar custos e degradação ambiental.

Quando analisamos o fato de o Brasil ser um país extremamente grande e com um elevado nível de consumo, percebemos que este, em parceria com suas empresas, tem feito esforços importantes para melhorar ainda mais os resultados obtidos.

››› Possibilidades de crescimento da logística reversa

Os processos de fluxos da logística reversa são muito pouco utilizados, principalmente no Brasil, que está em um estágio inicial no desenvolvimento da utilização de tais práticas. A sua não utilização é perceptível por meio do pequeno número de empresas que possuem processos gerenciais adequados e adaptados para tal.

No entanto, com o acesso às informações cada vez mais facilitadas, os consumidores estão fazendo com que esse processo se modifique. Há uma crescente onda de pressões sobre as empresas que não se preocupam com o meio ambiente e com a melhoria de qualidade de vida dos consumidores de seus produtos e/ou seus materiais (Lacerda, 2002).

Essa pressão maior está, por sua vez, forçando as empresas a dedicarem-se mais aos fluxos logísticos reversos no planejamento. Como antes não havia preocupação com esse tipo de processo, pouco se investia nele. Atualmente, mesmo sendo necessário acrescentar nas planilhas de custo das empresas os gastos relativos à implantação de processos de logística reversa, elas estão fazendo estudos para tal implantação.

Consideramos que as empresas não devem deixar de investir no planejamento de processos de qualidade a fim de obterem melhorias processuais contínuas, mas devem acrescentar a esse planejamento um que seja específico para atender às necessidades do processo de logística reversa. Tais estudos devem contemplar instalações próprias e condizentes, capazes de atender às diversas necessidades dos fatores essenciais para a implantação dos processos de fluxo logístico reverso. Assim, sistemas de apoio ao fluxo direto, tais como roteirização, programação de entregas etc., devem ser contemplados com uma possível abordagem de fluxo reverso, no sentido do consumidor para o fornecedor passando, inclusive, pelas empresas transformadoras.

Como ainda é pequena a atividade de fluxos logísticos reversos, pode tornar-se oneroso implantar esse tipo de processo com recursos próprios. Assim, as empresas que possuem disponibilidade financeira para tal podem optar por esse tipo de implantação e as que não possuírem têm a possibilidade de utilizar-se de empresas terceirizadas, visto que os volumes do fluxo reverso são ainda pequenos.

Inseridas nessa realidade, algumas empresas brasileiras já prestam serviços (terceirizados) de gerenciamento dos fluxos de retorno de *pallets**. Com o aumento da demanda, haverá, certamente, espaço para outras empresas que venham a dedicar-se à implantação de processos de fluxos logísticos reversos que atinjam materiais e/ou produtos com maior valor agregado, proporcionando melhor rastreamento, coleta e reprocessamento de materiais e/ou produtos usados.

Observamos que devido a questões relacionadas à crescente competitividade e à necessidade de preservação ambiental, as empresas precisam e devem estar cada vez mais preocupadas com o fluxo reverso.

Percebemos, portanto, que a logística reversa é uma área de relevada importância no tocante à geração de competitividade para as empresas e para a garantia da continuidade de existência de mercados futuros, tanto fornecedor quanto consumidor.

- *Pallets*: estrados utilizados para facilitar o transporte de determinadas mercadorias.

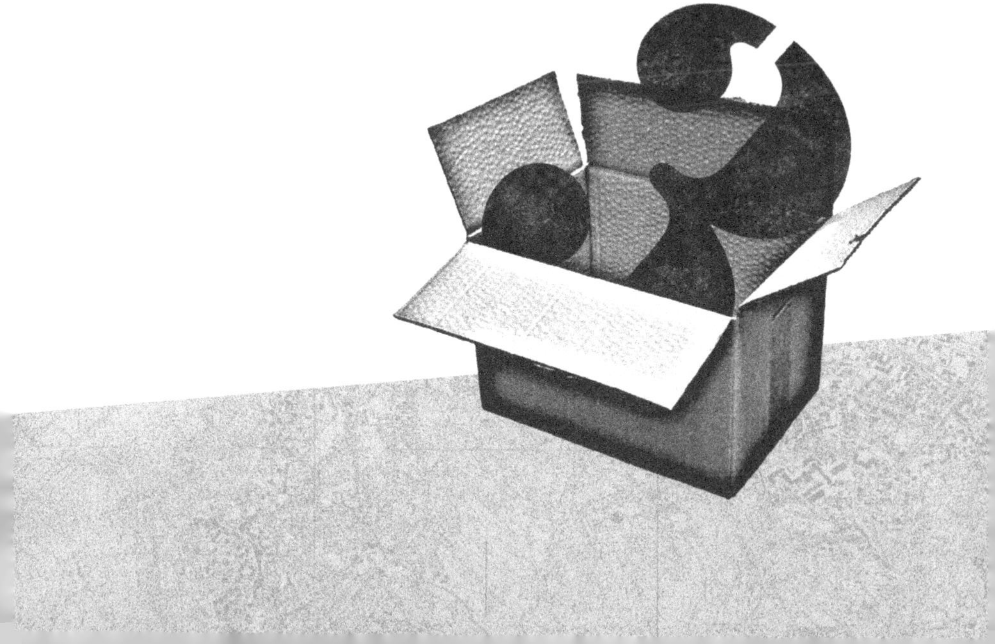

A LOGÍSTICA INSERIDA NO AMBIENTE EMPRESARIAL

Em tempos de internet, tanto as pessoas físicas quanto as jurídicas estão conectadas durante todo o momento, ou seja, há um interesse geral em manter-se o mais bem informado possível, em concordância com a máxima: "quem tem informação tem poder" (Eco, 1983). Assim, a nova economia, cujo impacto é de ordem mundial, exige das empresas uma atitude de tal sorte que seja possível fazer negócios com o mundo inteiro, visto a abertura proveniente da internacionalização do capital. Além disso, a velocidade a ser utilizada no processo de planejamento, desenvolvimento, programação, compras, recebimento, produção, armazenagem, comercialização, transporte, atendimento e resolução de problemas é questão fundamental para as empresas que quiserem se colocar e se manter no mercado de forma efetiva e que devem, portanto, reavaliar o modelo comercial de maneira constante e consistente. Esse é o cenário que analisamos neste capítulo.

A avaliação do modelo comercial, em um primeiro momento, pode considerar apenas as questões de ordem puramente técnica, tais como as características do produto, o preço, o prazo, as garantias de pós-venda ou ainda aspectos relacionados aos fluxos físicos, que são esquematizados no Quadro 3.1, a seguir.

» Quadro 3.1 – Fluxos globais

Item	Fluxo
Matéria-prima	Desde o ponto de estocagem da fonte original até a entrega para o cliente.
Produtos semiacabados	Com procedência das unidades de manufatura próprias ou de fábricas/armazéns/CDs dos fornecedores.
Ferramentas ou máquinas	Movimentação de itens pertencentes a uma unidade manufatureira para outra.
Produtos acabados	Deslocamento entre plantas, armazéns próprios, dos clientes para empresas outras de serviços logísticos.
Itens consumíveis e peças de reposição	Movimentação de produtos dos armazéns para os veículos de pessoal especializado ou para unidades designadas pelos clientes.
Produtos e peças a serem reparados	Deslocamento, desde a unidade do cliente até o local específico, para reparo e/ou recuperação.

(continua)

(Quadro 3.1 – conclusão)

Item	Fluxo
Equipamentos de suporte e de vendas	Traslado das empresas para os agentes adequados de itens, tais como estantes, *displays*, quadros, *banners*, literatura etc.
Embalagens vazias retornáveis	Deslocação, desde os pontos de entrega até os pontos de carregamento.
Produtos vendidos ou componentes devolvidos	Transposição, desde os pontos de entrega até o ponto inicial de armazenagem ou manufatura.
Produtos usados ou consumidos	Devem ser reciclados, recauchutados, reutilizados ou postos à disposição.

Fonte: Elaborado com base em Dornier et al., 2000, p. 39-40.

Observamos, na atualidade, em relação ao que foi exposto, que as empresas, preocupadas com um atendimento diferenciado, buscam entender as principais razões que possam ter uma influência significativa sobre pontos comerciais. São as chamadas *questões culturais*, pois, conforme Brake e Walker (1995, p. 1), é necessário considerar que, como as empresas se movimentam em um cenário internacional, a cultura dos envolvidos no processo de negociação passa a ter importante significado.

Os autores citados observam ainda que a cultura é um conjunto dominante de comportamentos, valores, crenças e padrões de pensamento que aprendemos ao longo da vida e os desenvolvemos em nosso grupo social. A cultura determina como vemos a nós e aos outros, como nos comportamos e como percebemos o mundo a nossa volta. Tendemos crer que nossa maneira de ver o mundo é única ou, pelo menos, a melhor (Brake; Walker, 1995, p. 1).*

Com base nos estudos dos possíveis impactos que os mais variados tipos de cultura exercem nas transações de ordem comercial, apresentamos, no Quadro 3.2, dez possíveis fatores orientadores do processo, considerando a multiculturalidade existente no mundo. Por outro lado, tal estudo não tem o propósito de fechar a questão sobre o assunto, mas sim de oferecer alguns dados referenciais sobre negócios e sobre cultura.

» Quadro 3.2 – Dez variáveis e propostas para análise cultural voltada para os negócios

Variável	Associação
1. Ambiente	Controle. Harmonia. Restrições.
2. Tempo	Simples ou multifocal. Passado. Presente. Futuro.
3. Ação	Ser ou fazer.
4. Comunicação	Alto ou baixo nível intelectual. Formal ou informal.
5. Espaço	Privado ou público.
6. Poder	Hierarquia ou igualdade.

(continua)

---

* Do original: Culture is the dominant set of behaviors, values, beliefs, and thinking patterns we learn as we grow and develop in our social groups. Culture determines how we view ourselves and others, how we behave, and how we perceive the world around us. We tend to believe that our way of seeing is the only way, or at least the best.

(Quadro 3.2 – conclusão)

Variável	Associação
7. Individualidade	Individual ou coletivo. Universal ou particular.
8. Competitividade	Competição ou cooperação.
9. Estrutura	Disciplinar ou flexível.
10. Pensamento	Dedutivo ou indutivo. Linear ou sistêmico.

Fonte: Elaborado com base em Brake; Walker, 1995, p. 5.

» Estratégias que a logística oferece para a empresa

Estudiosos têm reforçado cada vez mais a necessidade do planejamento estratégico dos negócios. A evolução do pensamento estratégico passa por nomes como Ansoff, Hamel, Mintzberg, Porter, Prahalad, entre outros.

A formulação da estratégia deve ser vista como sendo um complexo sistema que cresce e se desenvolve, embora só seja visível a longo prazo, pois há que considerar uma visão sistêmica não imediata.

Isso tem a ver com questões de ordem mais abrangente, como as perspectivas culturais, que são mais facilmente encontradas em países orientais (China, Japão) e anglo-saxões (Grã-Bretanha, Estados Unidos da América, Alemanha, Suíça) do que em outros de origem latina.

A formulação da estratégia como posicionamento em um cenário globalizado, com pensamento estruturado desde o lucro básico até a visão ambiental, passa por um processo formal, em especial em tempos nos quais a gestão do conhecimento pode vir a ser uma vantagem competitiva.

Para atender adequadamente o público consumidor, dentre as mais variadas opções de abastecimento, devemos fazê-lo de modo que ele perceba vantagem em adquirir certos produtos e serviços em locais específicos.

Entre os vários exemplos, um deles, que bem pode representar isso, é o encontrado em Cavalcanti et al. (2001, p. 275), quando mencionam as lojas de conveniência:

> *(...) não têm espaço para estocar mercadorias devido às dimensões dos estabelecimentos, a questão de logística de abastecimento, com a reposição periódica dos produtos vendidos, é muito importante para os varejistas da modalidade, especialmente nos finais de semana normais e mais agravado naqueles que são prolongados por feriado e época de verão, quando aumentam o consumo de bebidas e a própria frequência às lojas.*

Ou seja, uma abordagem estratégica é adequada se considerarmos a logística empresarial um elemento relevante em tal processo de otimização da organização, pois o que é esperado (como no exemplo citado) é que a adequada gestão da logística empresarial ofereça, via uma abordagem operacional, uma integração (que é sua característica marcante) entre o suprimento físico (fornecedores) e a produção (transformação em fábrica/empresa) até alcançar o consumidor final por meio da distribuição física.

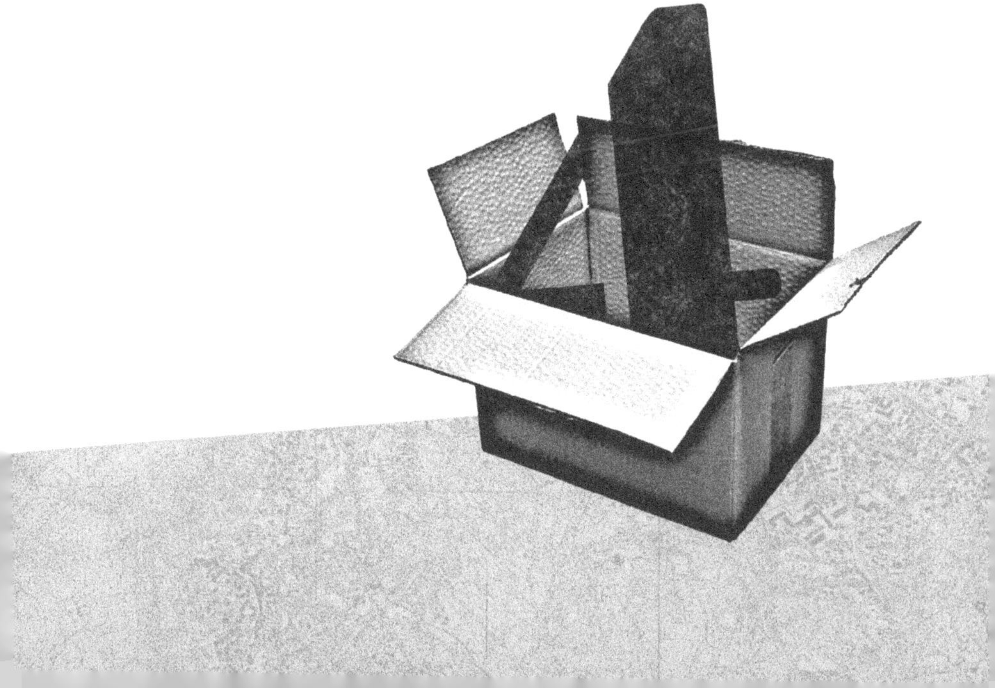

ESTRUTURAÇÃO DA LOGÍSTICA EMPRESARIAL

Historicamente alguns diferentes enfoques foram dados à logística empresarial. Hoje, a sua estruturação é uma das questões mais comuns nas discussões gerenciais, principalmente sobre como ela deve ou não ser internamente operacionalizada, ou seja, onde se localiza, a quem se reporta, quais os investimentos necessários para poder ser lucrativa etc. Aspectos esses abordados neste capítulo por serem essenciais para a viabilidade da implantação da logística empresarial, isto é, para sua funcionalidade.

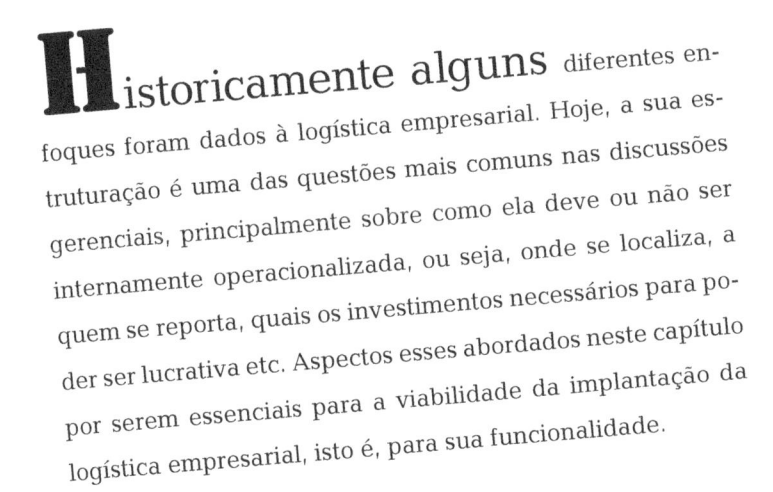

Na atualidade, de acordo com Bowersox e Closs (2001, p. 501), "a revolução da informação está forçando executivos de logística a repensar quase todos os aspectos da lógica da organização tradicional", razão pela qual estruturalmente a logística pode estar com suas funções operacionais espalhadas por toda a organização. No entanto, essa concepção foi antecedida por etapas sucessivas e gradativas de sua introdução no esquema organizacional de uma empresa.

Considerava-se antes dos anos 1950 que as organizações poderiam ser melhor gerenciadas se estivessem estruturadas conforme o esquema da Figura 4.1 (Organização tradicional de funções relacionadas à logística) (Bowersox; Closs, 2001; Ballou, 1993).

Já do final dos anos 1950 até o início da década de 1960, houve uma tentativa de agrupar as atividades logísticas, conforme a Figura 4.2 (A organização logística de 1950 a 1960). No entanto, a ideia ali sintetizada só foi aceita depois que a alta administração das empresas observou que a nova estrutura proposta iria resultar em desempenhos maiores, com um padrão melhor.

Na sequência do processo evolutivo dessa reestruturação organizacional e após adquirir experiência operacional relativa à logística, bem como certas vantagens sobre os custos, as empresas passaram a apresentar um organograma, conforme a Figura 4.3 (A organização logística de 1960 a 1970). Foi característica marcante desse período (1960-1970) a valorização da logística, que assumiu maior responsabilidade na organização, pois aumentava sua participação em termos estratégicos e adquiria, assim, também maior autoridade.

Mas foi somente a partir dos anos 1980, conforme a Figura 4.4 (A organização logística na década de 1980), que as organizações alteraram o formato de divisão de trabalho e de responsabilidades, deixando todas as funções da logística vinculadas a um único executivo da alta administração da empresa. No entanto, esse tipo de organograma ainda não existe em número elevado de empresas, embora haja uma tendência de que isso venha a ocorrer cada vez mais, pois é creditado ao gerenciamento estratégico da logística contribuição significativa no processo de maximização das vantagens competitivas das empresas.

» Figura 4.1 – Organização tradicional de funções relacionadas à logística

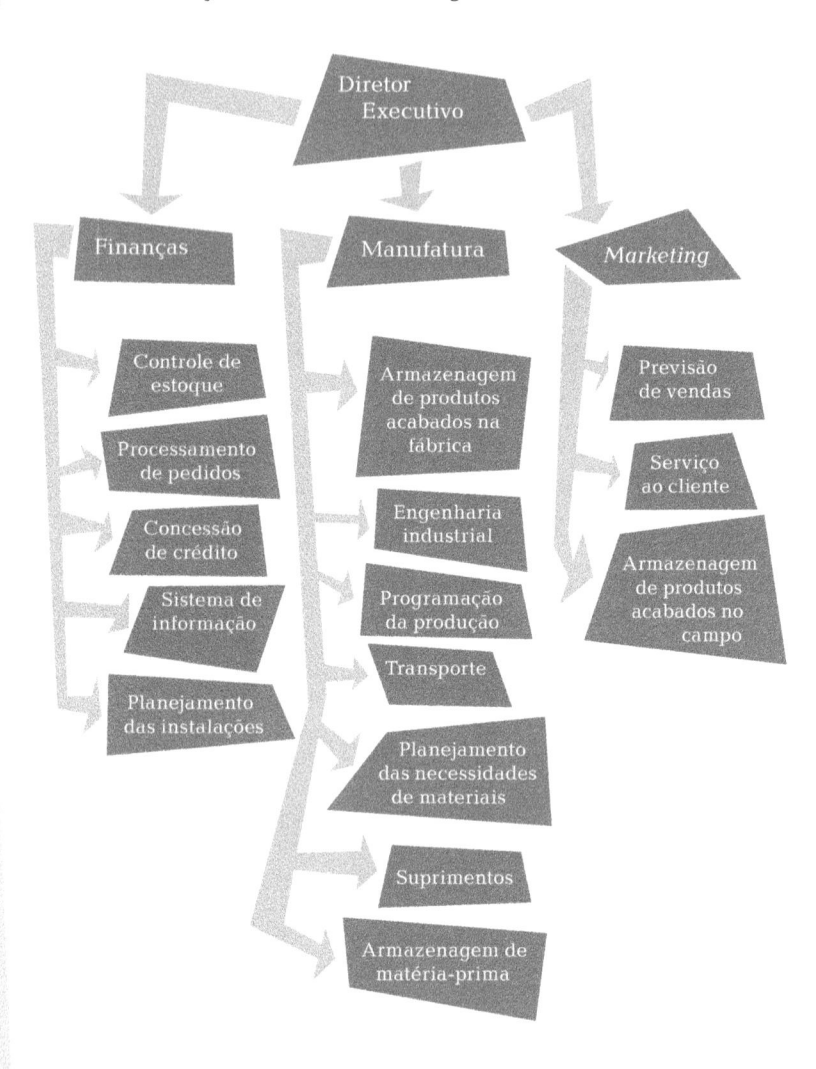

```
                        Diretor
                       Executivo

        Finanças       Manufatura       Marketing

     Controle de     Armazenagem        Previsão
     estoque         de produtos        de vendas
                     acabados na
     Processamento   fábrica            Serviço
     de pedidos                         ao cliente
                     Engenharia
     Concessão       industrial         Armazenagem
     de crédito                         de produtos
                     Programação        acabados no
     Sistema de      da produção        campo
     informação
                     Transporte
     Planejamento
     das instalações
                     Planejamento
                     das necessidades
                     de materiais

                     Suprimentos

                     Armazenagem de
                     matéria-prima
```

Fonte: Elaborado com base em Bowersox; Closs, 2001, p. 504.

» Figura 4.2 – A organização logística de 1950 a 1960

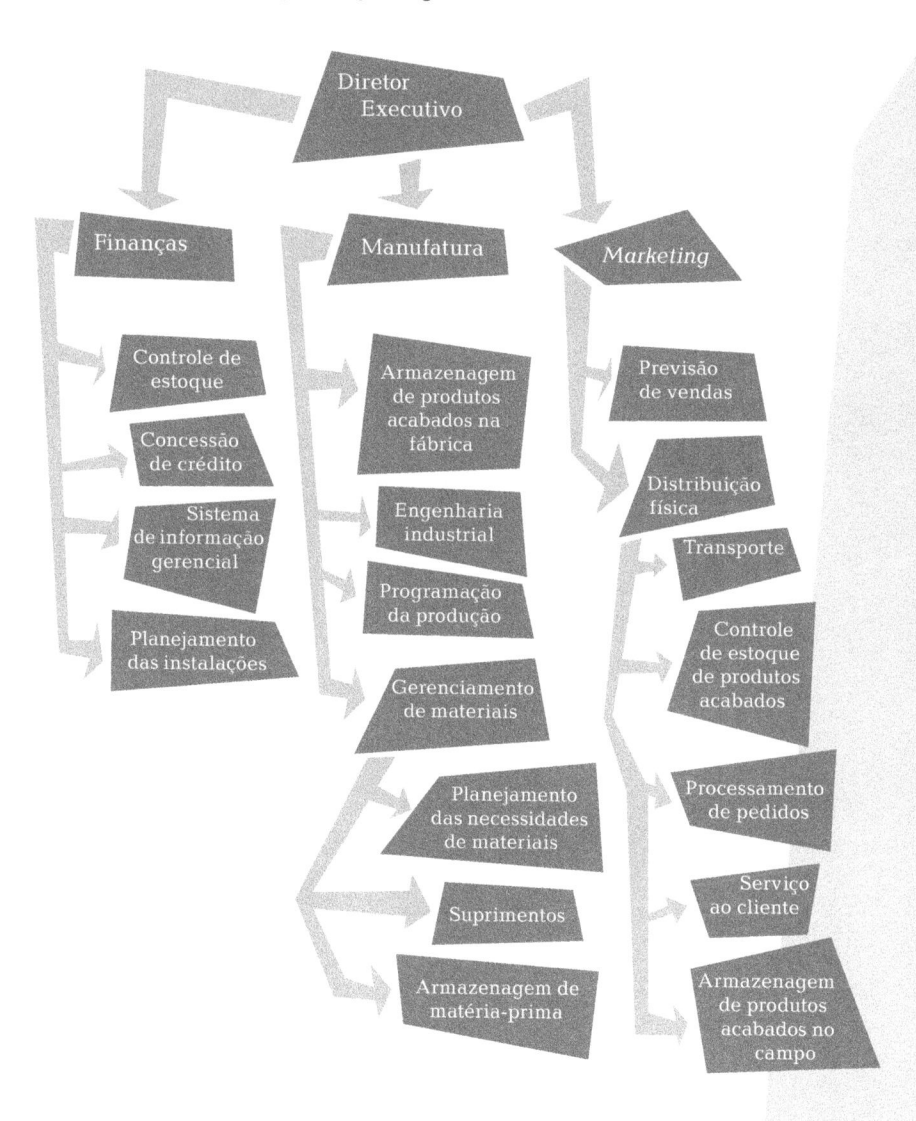

Diretor Executivo

Finanças
- Controle de estoque
- Concessão de crédito
- Sistema de informação gerencial
- Planejamento das instalações

Manufatura
- Armazenagem de produtos acabados na fábrica
- Engenharia industrial
- Programação da produção
- Gerenciamento de materiais
- Planejamento das necessidades de materiais
- Suprimentos
- Armazenagem de matéria-prima

Marketing
- Previsão de vendas
- Distribuição física
- Transporte
- Controle de estoque de produtos acabados
- Processamento de pedidos
- Serviço ao cliente
- Armazenagem de produtos acabados no campo

Fonte: Elaborado com base em Bowersox; Closs, 2001, p. 505.

» Figura 4.3 – A organização logística de 1960 a 1970

```
                        Diretor
                       Executivo

   Finanças     Manufatura    Distribuição    Marketing
                                 Física

  Sistema de    Programação    Transporte     Previsão de
  informação   da produção                      vendas
  gerencial
                Engenharia    Processamento
  Planejamento  industrial    de pedidos
  das instalações
                Administração  Controle de
                de materiais   estoque de
                               produtos
                Planejamento   acabados
                das            (campo e
                necessidades   fábrica)
                de materiais
                               Armazenagem
                Suprimentos    de produtos
                               acabados no
                               campo
                Armazenagem
                de matéria-    Armazenagem
                -prima         de produtos
                               acabados na
                Controle       fábrica
                de estoque de
                matéria-prima  Serviço
                               ao cliente

                               Concessão de
                               crédito

                               Planejamento
                               do sistema de
                               distribuição
```

Fonte: Elaborado com base em Bowersox; Closs, 2001, p. 505.

» Figura 4.4 – A organização logística na década de 1980

- Diretor Executivo
  - Executivo de Logística
    - Planejamento
    - Controller
    - Apoio logístico
      - Embalagem
      - Engenharia de manuseio de materiais
      - Armazenagem
      - Controle de estoques
      - Transporte e tráfego
    - Planejamento de recursos logísticos
      - Previsão de mercado/produto
      - Processamento de pedidos
      - Planejamento das necessidades
      - Planejamento funcional
      - Programação da produção
      - Planejamento da capacidade
      - Planejamento das necessidades de materiais
    - Operações logísticas
      - Suprimentos
      - Apoio à manufatura
      - Distribuição física

Fonte: Elaborado com base em Bowersox; Closs, 2001, p. 506.

Analisando essas figuras que expressam as fases de desenvolvimento da logística até adquirir o status atual, observamos, conforme Ballou (1993, p. 18), que

> *a administração de empresas nem sempre se preocupou em focalizar o controle e a coordenação coletivas [sic] de todas as atividades logísticas. Somente nos últimos anos é que ganhos substanciais nos custos foram conseguidos, graças à coordenação cuidadosa dessas atividades.*

O autor lembra ainda da necessidade de que sejam revistos alguns ganhos potenciais das operações logísticas empresariais, o que, em última instância, pode transformar esse assunto em uma área de vital importância, especialmente se considerarmos a grande concorrência já estabelecida no mercado.

» Marketing e logística

Podemos definir *marketing* como sendo uma função organizacional que faz parte dos processos de criação, comunicação e apresentação de valor para os clientes, pela gestão de relacionamentos com estes, de forma que beneficie a organização e seus *stakeholders* (American..., 2006).*

No entanto, para que tenhamos um conceito mais completo, é necessário também definir alguns termos que estão ligados ao *marketing*. Dentre eles destacamos: mercado; necessidades, desejos e demandas; produtos e serviços; valor; satisfação e qualidade; bem como troca, transações e relacionamentos.

» Mercado

Mercado é definido por Kotler e Armstrong (2004), como sendo

> *o conjunto de compradores atuais e potenciais de um produto. Esses compradores compartilham de um desejo ou de uma necessidade específica que pode ser satisfeita por meio de trocas e relacionamentos. Assim, o tamanho de um mercado depende do número de pessoas que apresentam a necessidade, têm recursos para fazer uma troca e estão dispostas a oferecer esses recursos em troca daquilo que desejam.*

- Do original: *Marketing is an organizational function and a set of processes for creating, communicating, and delivering value to customers and for managing customer relationships in ways that benefit the organization and its stakeholders.*

Para que a empresa esteja bem preparada para concorrer nesse mercado, faz-se necessário conhecer algumas das suas características, pois no mercado estão presentes os consumidores, os concorrentes, os futuros consumidores e os futuros concorrentes.

I. Consumidores: como, quando, onde, porque e quanto comprar. Há também a necessidade de se conhecer a quantidade de consumidores, região, classe social e econômica, estilo de vida etc.

II. Concorrentes: algumas informações precisam ser conhecidas para que a empresa possa atuar melhor e angariar mais clientes, ou seja, quem são, quantos são, qual a região, qual a localização, a definição de preço e a qualidade.

III. Futuros consumidores: identificar quais as características daqueles que são clientes em potencial, isto é, aqueles que ainda não consomem o produto, mas que poderão consumi-lo.

IV. Futuros concorrentes: as barreiras de entrada, assim como as de saída, devem ser analisadas, pois com base nessas informações é possível mensurar quais são as empresas que possuem ou não a capacidade de entrar no mercado e tornar-se mais um concorrente.

Na gestão de uma cadeia de suprimentos, atividades como converter em tempo real uma vasta quantidade de dados de diversas fontes em informações significativas permitem a simulação de estratégias e táticas em ambiente comercial altamente dinâmico. Tais atividades são vitais se a empresa pretende atender o mercado e evitar um oneroso aumento de estoque (Nakamura; Basso; Moori, 2000).

A gestão da cadeia de suprimentos representa o esforço de integração dos diversos participantes nos mais variados canais de distribuição, por meio da administração compartilhada de processos-chave de negócios. Esses processos interligam as diversas unidades organizacionais e membros dos canais, desde o fornecedor inicial de insumos até o consumidor final dos produtos acabados (Fleury, 1999).

É importante salientar que, nesse cenário, fornecedores, indústrias transformadoras, funcionários e clientes precisam estar interligados em um sistema de planejamento de demanda e gerenciamento de inventário, permitindo, assim, o processamento e a troca de informações entre si. Isso porque a gestão da cadeia de suprimentos representa a integração da logística interna com o ambiente externo, pois sua ação estende-se desde a coordenação dos fluxos dos materiais juntamente com as informações aos fornecedores até o cliente final. Em vista disso, a gestão da cadeia de suprimentos como um todo pode proporcionar uma série de maneiras pelas quais é possível aumentar a produtividade e, em consequência, contribuir significativamente para a redução de custos, assim como identificar formas de agregar valor aos produtos (Nakamura; Basso; Moori, 2000).

Como um dos fatores mais importantes dentro de uma cadeia de abastecimento é a distribuição de produtos (para que estejam disponíveis aos consumidores no momento em que a necessidade aconteça), é fundamental que o *marketing* atue de forma ativa e eficiente, ou seja, gere o melhor desempenho possível, tornando assim cada empresa, e a cadeia produtiva como um todo, ainda mais competitiva.

Esse trabalho deve ser realizado pelo Departamento de *Marketing* com base em suas ferramentas, seu conhecimento de mercado e no desenvolvimento de relacionamentos entre fornecedor, empresa e consumidor, pois o monitoramento dessas informações pode contribuir para a manutenção da empresa na competitividade mercadológica.

» Necessidades, desejos e demandas

Entendemos por desejo a forma que a necessidade assume de acordo com a cultura da sociedade em que a pessoa está inserida, além de suas características individuais que podem ser manifestadas em forma de objetos, como, por exemplo, o vestuário.

Assim, ocorre que enquanto um alto executivo de uma grande empresa deseja um terno Armani, um operário (da mesma empresa) tem seu interesse focado em uma calça resistente e uma camiseta confortável, desejando que ambas durem bastante, pois o desejo pessoal varia muito em função do estilo de vida e da camada social em que a pessoa está inserida.

A demanda efetiva passa a existir quando uma pessoa possui um desejo e o capital financeiro para torná-lo realidade, ou seja, pode adquiri-lo, sendo que a demanda também é caracterizada pelo fato de mais indivíduos apresentarem as mesmas necessidades.

» Produtos e serviços

Um produto pode ser definido como sendo algo específico, não necessariamente um objeto, que seja capaz de satisfazer a uma necessidade ou a um desejo. Porém, os bens tangíveis são classificados como produtos e as atividades e os benefícios como serviços.

» Valor

O valor que o cliente dá para determinado produto e/ou serviço é o que o faz decidir por adquirir ou não o bem. Por valor é entendida a diferença entre a satisfação que o cliente ganha com o produto e o montante financeiro que pagou por ele. Maiores valores são atribuídos às empresas que oferecem algo além do básico, como *status*, confiabilidade, agilidade, rapidez etc.

» Satisfação e qualidade

A satisfação de um cliente está relacionada com o desempenho que ele possa perceber a respeito do produto e/ou do serviço que está utilizando. Assim, quando as expectativas que os clientes têm em relação ao produto não são atingidas, geram insatisfação. Ao contrário, se são atingidas, geram satisfação e, quando superadas, fazem com que os clientes fiquem surpreendidos.

Portanto, as empresas devem tentar superar as expectativas dos clientes, visto que conquistá-los e fidelizá-los é primordial, pois, dessa forma, ganham um diferencial competitivo muito importante que as faz se destacarem no mercado.

Por outro lado, a decisão de compra está vinculada ao valor que os clientes atribuem a determinado produto, marca ou serviço, pois a qualidade está relacionada à satisfação proporcionada, uma vez que o nível qualitativo do produto e/ou do serviço pretendido é estabelecido por eles.

Um produto e/ou um serviço somente pode ser considerado com nível de qualidade adequado se atingir ou superar as expectativas do cliente em relação ao seu uso.

Existem basicamente dois tipos de qualidade: a técnica (o produto ou o serviço possui as especificações técnicas necessárias ao seu perfeito funcionamento) e a percebida pelo cliente (conforme exposto). Normalmente, a primeira é mais fácil de ser alcançada, já que serão seguidos padrões preestabelecidos.

A segunda, no entanto, é aquela que a empresa busca atingir para satisfazer, conquistar e fidelizar seu cliente, porém esta é mais difícil de ser obtida, uma vez que há variação de pessoa para pessoa (mesmo quando elas pertencem a um grupo igual), sendo necessário, nesse contexto, considerar que as opiniões e as necessidades individuais são passíveis de rápidas mudanças.

» Troca, transações e relacionamentos

A transação comercial é a troca de valores que acontece entre duas partes, e pode ser uma troca monetária clássica (dinheiro por produto e/ou serviço) ou apenas uma permuta (produto e/ou serviço por produto/serviço), sem que sejam envolvidos valores financeiros. É importante notar que os relacionamentos entre uma empresa e seus clientes, distribuidores, fornecedores e parceiros são construídos por meio do *marketing* e envolvem a construção de vínculos sociais e econômicos que geram satisfação para ambos os lados, assim como lucro para a empresa participante. É com base nessa ideia que surgiu o *marketing* de relacionamentos.

O *marketing* de relacionamentos busca que os clientes, fornecedores e distribuidores, assim como os funcionários, tornem-se cada vez mais próximos de seus produtos e/ou serviços, para que possam utilizá-los e recomendá-los a inúmeras pessoas. Isso só passa a acontecer quando reconhecem o valor do produto e/ou serviço que a empresa está oferecendo. Dessa forma, a empresa deve iniciar o processo de fidelização dos clientes, investindo principalmente na manutenção daqueles já conquistados, sem esquecer os novos potenciais, observando com atenção cada mudança no cenário mercadológico.

» Planejamento e controle da produção (PCP)

Há que ser considerada a real necessidade de planejar, visto ser planejamento um conceito fundamentado na questão dos processos decisórios, os quais tornam necessária a utilização de recursos físicos para a transformação de insumos em produtos.

> *Se fosse possível decidir alterações nos processos de operações (como, por exemplo, alterações de capacidade, alterações no fluxo de chegada de matérias-primas ou na disponibilidade de recursos humanos) e tê-las efetivadas de forma instantânea, num estalar de dedos, não seria necessário planejar, decidir no momento seria suficiente.*
> (Corrêa, 2005, p. 332)

Portanto, devemos planejar, pois isso nos permite compreender e avaliar os possíveis impactos futuros provenientes das decisões tomadas *a priori*, dentro de um controle constante ao longo de todo o processo. Por conseguinte, podemos dizer que o Planejamento e o Controle da Produção de uma empresa são departamentos cuja atividade principal é tomar decisões a respeito do melhor emprego dos insumos e dos demais recursos transformadores destinados à produção de bens e/ou serviços.

A diversificação dos sistemas produtivos influencia o entendimento nos mais variados níveis de complexidade que são necessários para a execução do planejamento e do controle das atividades produtivas. "O grau de padronização dos produtos, o tipo de operações necessárias e a natureza dos produtos são fatores determinantes para a definição das atividades do PCP" (Tubino, 2000, p. 31). Nesse processo, a empresa deve considerar a natureza de suas atividades – levando em conta as variações mercadológicas refletidas junto à demanda e os impactos produzidos sobre o produto final –, bem como os recursos transformadores (máquinas, equipamentos, instalações etc). Além disso, há também a necessidade de administrar adequadamente tanto os estoques internos quanto os externos, considerando a cadeia de suprimentos em questão.

Para manter a empresa competitivamente no mercado, os gerentes de produção têm a responsabilidade de melhorar cada vez mais o desempenho de suas operações. Na linguagem japonesa, kaizen significa melhoria contínua e, para tal, é mandatório que haja controle sobre as operações, não apenas de forma pontual, mas ao longo de todo o processo, sendo esta uma das atribuições dos gerentes de área. Assim,

> *Deixar de adotar melhorias, de forma a acompanhar pelo menos os concorrentes (em organizações que visam lucro), ou deixar de adotá-las, segundo um ritmo que atenda às expectativas crescentes dos consumidores (em todas as organizações), é condenar a função produção a manter-se sempre distante das expectativas da organização.*
> (Slack et al., 2002, p. 55)

Muitas organizações têm se manifestado sempre em prol dos clientes, ou seja, o atendimento está adequado e até mesmo supera, muitas vezes, as expectativas. Vale a pena lembrar que, caso a empresa não tenha como meta principal o lucro e, preferencialmente, o lucro máximo, tal organização está destinada ao fracasso.

Há também muitas decisões que são tomadas por outras áreas ou departamentos da empresa e que vão além daquelas emitidas pelos gerentes de produção, como, por exemplo, prospecção de mercado. Tal fato ocorre via Departamento de *Marketing* com as naturais consequências empresariais, tais como desenvolvimento de produto, de fornecedores e de processos; alterações quanto à movimentação, à armazenagem e ao transporte, entre outras que afetam diretamente as diretrizes dos gerentes de produção.

Como elo entre o informado pelo *marketing* (necessidades a serem satisfeitas) e a produção (processos de transformação), os gerentes de produção devem entender de ambas as partes para poderem viabilizar tal situação. Isso significa dar as respostas adequadas em termos de produtos e/ou serviços para o público consumidor (externamente), trabalhando de forma eficiente e eficaz (internamente).

Da mesma forma, não devemos esquecer, na empresa, os contatos internos que facilitam (ou não) o desempenho dos gerentes de produção, o que é de suma importância nesse contexto, pois "desenvolver e melhorar os relacionamentos entre a produção e as outras funções da empresa deverá ser a contribuição central da produção para o desempenho geral" (Slack et al., 2002, p. 55). Portanto, para que o resultado final seja o esperado pela empresa, o Departamento de Planejamento e Controle da Produção, considerado por muitos como um importante dispositivo no desenvolvimento empresarial, deve trabalhar de modo a otimizar cada vez mais os processos produtivos.

Isso é corroborado pelas afirmações de Davis et al. (2001, p. 549), pois, segundo eles, "Atualmente, o Planejamento e Controle da Produção tradicional é considerado como nada mais do que uma ferramenta da produção. O PCP integrado é um conceito que casa uma filosofia subjacente de planejamento com um conjunto de ferramentas para implementar a filosofia de modo a otimizar o processo". Não se admite, nessa perspectiva, portanto, que o planejamento esteja ausente da sistemática dos gestores.

» Planejamento logístico

A necessidade de planejamento é fundamental nas diversas áreas de atuação e no âmbito da logística não é diferente, uma vez que esta é responsável por uma variedade de decisões que são tomadas nas mais diversas ocasiões em que seu serviço é requisitado. Sendo assim, a facilidade ou a dificuldade de acesso às informações é que vai determinar, em parte, como devemos trabalhar adequadamente o planejamento logístico.

Outro componente importante é a veracidade de tais informações. Por isso, consideramos que há necessidade de acessar informações fidedignas em níveis de velocidade condizentes com os requisitos para o devido atendimento requerido pelos processos logísticos, com base nos sistemas de informação disponíveis, pois "Um sistema de informações gerenciais é um sistema integrado homem/máquina, que providencia informações para apoiar as funções de operação, gerenciamento e tomada de decisão numa organização" (Ballou, 1993, p. 279). Portanto, há a necessidade de considerarmos que "As informações não podem ser melhores que os dados que as geraram" (Ballou, 1993, p. 279), visto ser essa uma realidade a respeito dos níveis de qualidade das informações recebidas e o consequente resultado obtido em função dela, porquanto a qualidade do resultado informacional se dá por meio das informações que servem de base para o processo decisório.

Levando em conta o grande contexto da gestão empresarial, o Sistema de Informações Logísticas (SIL) é um subsistema do Sistema de Informações Gerenciais (SIG), modo pelo qual se conseguem as informações mais relevantes, ou seja, aquelas que são necessárias e suficientes ao processo da administração logística empresarial.

Consideramos, como característica principal relativa a um sistema integrado de informações, primordial a capacidade de coletá-las, transformá-las, armazená-las e movimentá-las em todo o processo, isto é, da fonte inicial ao ponto final de uso, podendo ocorrer oralmente – por telefone ou por fax –, por correio regular e/ou correio eletrônico (*e-mail*).

O que separa clientes de fornecedores são espaço e tempo e, em contrapartida, o elo entre eles é a logística, sendo a integração entre as partes a característica mais marcante desse processo. Nesse cenário, o responsável pelo planejamento logístico deve levar em conta os mais variados efeitos decorrentes dessa ligação, observando sempre os controles ao longo de todo o processo.

Então, o objetivo principal do planejamento logístico é prever o comportamento mercadológico e adaptar-se a possíveis mudanças com adequada antecedência, e não somente estabelecer um processo de reação a alterações de mercado. Devemos, nesse processo, levar em conta os riscos, os benefícios, os custos e o retorno sobre investimentos, pois "Sem uma orientação de planejamento, a organização é simplesmente executada pela onda de eventos ao invés de [sic] influenciar a forma de tais eventos" (Iman, 2005, p. 10).

» Operações logísticas

O desempenho da logística, perante os vários processos e operações, tem apresentado uma dinâmica bastante efetiva, em especial devido a certas exigências feitas pelos clientes (particularmente os clientes finais).

Dessas demandas, muitas ocorrem devido às modificações dos fluxos de mercadorias e informações inerentes ao processo logístico em questão, em razão das alterações causadas pelos investimentos em produtos e serviços, além das exigências impostas por novos mercados.

Em um passado não muito remoto, as funções da logística eram vinculadas e controladas por áreas funcionais distintas, como *marketing*, produção, compras e materiais. Nesse período, o processo era organizado em função das características da empresa e as necessidades atendidas eram ressaltadas com base na área funcional detentora do controle operacional.

Devido às constantes alterações que vêm ocorrendo em um mundo cada vez mais globalizado, existem pressões de várias partes, tentando trazer para si maiores e melhores condições de desempenho empresarial. Tais empresas buscam, por meio das referidas pressões, um apoio operacional mais efetivo junto à logística, como alterações de estoques, velocidade de entrega, otimização dos custos logísticos, dentre outros, refletindo, dessa forma, uma nova visão da logística empresarial, assim como com relação às mais diversas operações globais.

Há três forças principais, conforme indicam Dornier et al. (2000, p. 38), capazes de atuar nessa revolução, quais sejam:

> » *a integração de funções internas – incluindo a gestão da distribuição física, marketing, manufatura etc. – ao longo da corporação;*
> » *a cooperação crescente entre as áreas de logística e operações de diferentes elos da cadeia de suprimentos (integração setorial);*
> » *a busca por melhorias na integração geográfica, que vai além das tradicionais*

> *áreas de atividade econômica*
> *para abranger o mundo*
> *inteiro como fonte potencial*
> *de clientes, conhecimento,*
> *tecnologia, matérias-primas,*
> *e assim por diante.*

É a inter-relação entre tais forças que deverá propiciar um desenvolvimento adequado ao processo de constante competição no mercado geral. Isso ocorre quando os gerentes responsáveis pelas ações logísticas (dentro e fora das empresas) buscam um melhor nível de atendimento para os serviços prestados, ou seja, tais profissionais pertencem ao grupo dos vários fatores críticos de sucesso empresarial, uma vez que são responsáveis por "operações [correspondentes a] um processo de planejamento, implementação e controle de um fluxo físico e de informações efetivo e eficiente em custo, do ponto de origem ao ponto de consumo, para atender às necessidades dos clientes" (Dornier et al., 2000, p. 39).

Há, portanto, a real necessidade de uma constante atualização de tais profissionais, em especial quanto às exigências de mercado e as possíveis ferramentas para uma adequada utilização, e, conforme já foi comentado, o planejamento logístico tem sido uma das mais importantes nesse contexto.

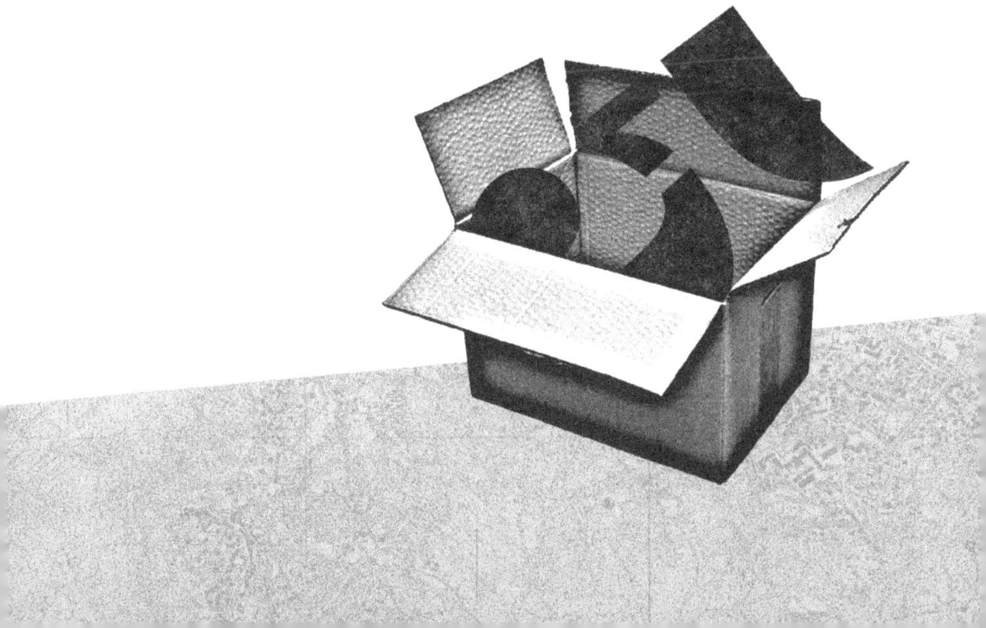

PRINCIPAIS ATIVIDADES DA LOGÍSTICA EMPRESARIAL

Este capítulo tem como objetivo abordar as principais atividades da logística empresarial por meio da cadeia de suprimentos, da movimentação, do transporte e da armazenagem de materiais, apresentando, para tornar objetivo o entendimento, um *case* já aplicado em sala de aula.

Apesar de conhecida há muito tempo e relegada a uma posição de apenas coadjuvante no cenário empresarial, recentemente a logística passou a ser considerada por muitos como a salvação de empresas com problemas, em especial aqueles de ordem financeira. Assim, durante o final do século XX, houve certo desenvolvimento nas operações empresariais, mormente em suas técnicas de gestão, pois, como toda ferramenta vinculada à gestão empresarial, a logística pode ser um instrumento capaz de fornecer o desempenho que muitos desejam: lucro às empresas.

Nesse contexto, dentre as características da logística, a mais importante é a integração, que liga clientes e fornecedores, envolvendo-os nos mais diversos níveis das camadas existentes. Consideramos, portanto, que, para entender melhor seu funcionamento, é necessário conhecer a cadeia de suprimentos onde ela esteja integrada.

» A integração da cadeia de suprimentos

Como o próprio nome diz, a cadeia ou rede de suprimentos é formada por elos ou nós, ou seja, por seus integrantes, que participam tanto da formação do lucro geral (bom desempenho) como dos resultados negativos (mau desempenho).

Há que notarmos, também, que uma corrente é tão forte quanto seu elo mais fraco ou, ainda, é necessário que cada um de seus componentes procure fortalecer-se e estruturar-se da melhor maneira possível, visto que o resultado de um é o de todos e vice-versa. Tal característica ou concepção foi marcada pelo grande interesse das empresas em desenvolver novas ideias e técnicas de gestão voltadas às redes de suprimento.

Agilidade, disponibilidade, preço, prazo, *lead time*, qualidade e fidelização são algumas das muitas características que marcaram os interesses daqueles que investiram (dinheiro e esforços) na melhoria do desempenho junto ao gerenciamento da cadeia de suprimentos.

Contudo, sob o ângulo tecnológico, foi somente nos anos 1990 que surgiram técnicas mais eficazes e capazes de auxiliar mais efetivamente a gestão das cadeias de suprimentos com um aumento crescente da demanda das empresas e, por conseguinte, um acirramento da competitividade.

» Movimentação (interna) de materiais

É de consenso nos meios empresariais, assim como nos acadêmicos, que quando falamos em movimentação, está implícita a ideia de "interna"; e quando abordamos transporte, a situação reflete o contexto "externo".

A administração de materiais requer um gerenciamento cuidadoso com relação à movimentação de seus itens.

"A importância da boa administração de materiais pode ser mais bem apreciada quando os bens necessários não estão disponíveis no instante correto para atender às necessidades de produção ou de operação" (Ballou, 1993, p. 61). Isso pode ser facilmente percebido quando, em uma empresa, temos mão de obra disponível (porém parada) aguardando material (às vezes com paradeiro desconhecido), o que implica custos desnecessários, além de um ambiente de trabalho em condições abaixo do mínimo exigido.

Uma correta movimentação de materiais deve significar um processo adequado de coordenar o fornecimento dos suprimentos necessários à produção, juntamente com as exigências que tal operação requeira, isto é, utilidade com custos compatíveis.

Não devemos proceder à movimentação sem esquecer os custos e os lucros, ou seja, o atendimento às solicitações de produção nem sempre cumpre os requisitos financeiros, por isso "o objetivo da administração de materiais deve ser prover o material certo, no local de operação certo, no instante correto e em condição utilizável ao custo mínimo" (Ballou, 1993, p. 61).

» O papel do transporte (externo) na logística

Existe certa contradição em oferecer um nível de serviço elevado, já que em nossa abordagem destacamos a questão da redução de custos. No entanto, a concepção é mais abrangente, pois "O objetivo geral da distribuição física, como meta ideal, é o de levar os produtos certos, para os lugares certos no momento certo e com o nível de serviço desejado, pelo menor custo possível" (Novaes, 2004, p. 145).

Há de ser considerado, portanto, que transportar materiais (matéria-prima, material em processo, produtos semi-acabados e produtos acabados) significa deslocá-los com o intuito de auxiliar no processo de produção, quer seja local, regional ou nacional, quer seja, ainda, internacional.

Assim, embora o transporte seja tratado por alguns como apenas uma função de produção que gera custos, tem sido observado por outros como possibilidade de ganhos, não somente financeiros como também de participação em um mercado cada vez mais exigente e competitivo. É igualmente importante observarmos que o transporte é também influenciado tanto por políticas internas quanto por legislações diferentes (nos mais variados continentes do planeta).

No processo de escolha das modalidades de transporte, devemos levar em conta vários fatores, em especial os custos, a velocidade de locomoção e a confiabilidade de fornecimento. Nesse sentido, há algumas diretrizes especiais, segundo o Imam (2000, p. 231), para analisar o transporte.

Detalhando esse processo, transcrevemos, a seguir, o quadro de "Diretrizes para análise de transportes".

» Quadro 5.1 – Diretrizes para análise de transportes

Item	Explicação	Utilização
Custo	Composto de elementos fixos, baseados no tempo (parado), e nos elementos variáveis, baseados na distância (em movimento).	Cada modalidade possui seus custos inerentes, sendo que o transporte aéreo é o de maior custo e o ferroviário o de menor.
Velocidade	Cada modalidade de transporte envolve o cronograma disponível para completar o processo de entrega e a distância na qual os produtos serão movimentados.	A modalidade aérea é mais rápida que a marítima em relação a distâncias médias/ longas.
Confiabilidade	Reflete a habilidade de entregar consistentemente no tempo declarado e acordado, numa condição satisfatória.	Quando um serviço não é confiável, os clientes devem aumentar o inventário e, consequentemente, seus custos.

Fonte: Elaborado com base em Imam, 2000, p. 231.

O principal foco dos gerentes de transporte de uma empresa está centrado em um sistema de equações que considere, ao mesmo tempo, os mais variados custos das operações, garantindo disponibilidade dos diversos insumos e recursos para atendimento aos clientes e alcance os objetivos preestabelecidos. Nesse caso, as questões estratégicas não devem ser esquecidas em função das possíveis consequências futuras, tais como produtos e volumes diferenciados, fornecedores específicos, clientes especiais, além dos casos fora de padrão, que são tão comuns quando abordamos a questão da flexibilidade de mercado.

» Embalagens

As embalagens têm relevância para várias áreas, assim como grande utilidade e importância para a logística, pois

> *A embalagem tem um impacto relevante sobre o custo e a produtividade dos sistemas logísticos. A compra de materiais de embalagem, a execução de operações automatizadas ou manuais de embalagem e a necessidade subsequente de descartar a própria embalagem representam os custos mais evidentes.*
> (Bowersox; Closs, 2001, p. 363)

As três principais funções da embalagem são: utilidade e eficiência de manuseio, proteção contra avarias, bem como identificação.

A embalagem contém o produto e pode auxiliar, mais ou menos eficazmente, no manuseio, da mesma forma que o protege de possíveis danos. Ela serve também como uma ferramenta identificadora que auxilia a divulgação entre tantos quantos mantiverem contatos diretos ou indiretos com o objeto nela contido. Em termos de *marketing*, podemos relacionar muitos produtos que são reconhecidos há muito pela embalagem, como Maizena, Bombril, Hipoglós e Minancora.*

No contexto geral, para a logística, as diferentes formas de embalagem passam a ter outra conotação, pois tanto os produtores quanto os envolvidos com movimentação, armazenagem e transporte devem preocupar-se com o melhor acondicionamento do produto. A essa característica damos o nome de unitização, isto é, a melhor forma para o item ser grupado, tais como conjuntos múltiplos de 12, fardos de 50 kg, caixas de 100 unidades, tambores de 200 litros, assim como outras alternativas possíveis.

Há então um incremento no processo como um todo, melhorando o acondicionamento físico e auxiliando na proteção do produto de uma maneira mais econômica, com isso buscou-se não apenas uma redução nos custos, mas sua otimização.

Nesse sentido, um gerente da área logística integrada deve atentar para as possíveis economias provenientes da adequada utilização das embalagens de seus produtos, porém ainda são poucas as empresas que as tratam com o devido potencial de ganhos industriais.

Por outro lado, a velocidade (rapidez ou vagarosidade) de separação dos pedidos, assim como o grau de precisão e eficiência podem ser diretamente influenciados pela embalagem.

Há uma multivariedade de usos, como o transporte de um "panda em seu *container* e a multidão à espera de Harry

---

* São produtos já consagrados pelo público consumidor, não sendo essa citação qualquer propaganda ou referência de menor valor.

Potter: operações planejadas em todos os detalhes" (Veja, 2005), influenciando diretamente a qualidade da prestação do serviço, conforme as necessidades e as expectativas dos clientes finais, por mais distintos que possam ser.

» Controle e manutenção de estoques

A influência da logística faz-se presente também no controle e na manutenção de estoques, em razão da natural ligação que estes têm com os mais variados processos produtivos. Assim como cada processo produtivo possui características peculiares, o gestor da logística deve manter-se vinculado com a sistemática de disponibilidade dos estoques, quer seja de matéria-prima, quer seja de produtos semiacabados (também conhecidos como em processo), além dos produtos finais.

Uma adequada administração de estoques deve estar, de maneira geral, atenta para a qualidade do serviço de entrega do material, dentro de parâmetros preestabelecidos, como:

- » produto certo: material que atenda às especificações feitas;
- » local certo: entregar na localização correta em função das necessidades dos processos produtivos;
- » tempo certo: no momento adequado, nem antes, nem depois do necessário;
- » estado certo: na forma adequada de acondicionamento, mantendo-se assim as características físico-químicas do item;

» custo certo: com valores adequados dentro dos orçamentos feitos.

Para conseguirmos uma adequada administração dos estoques, devemos planejar armazém, acesso, máquinas, equipamentos, *softwares* (atualizados e pertinentes a cada realidade empresarial), tipos de serviços, alternativas de movimentação e suprimentos. Tudo isso em consonância com o planejamento estratégico da empresa, pois é ele que dá as diretrizes de longo prazo, como terceirização ou investimentos internos, com a devida taxa de retorno* calculada e comparada com a estabelecida para o momento em questão.

» *Case*: comunicação x formação de alianças

A comunicação é importante para que as operações aconteçam de forma a proporcionar o melhor resultado possível para as transações entre as empresas. Logicamente as informações a serem trocadas devem ser as imprescindíveis para que as operações aconteçam, não sendo necessária a troca de segredos industriais ou a divulgação de políticas que possam interferir na competitividade da empresa.

É fácil verificar que as vantagens não são apenas finan-

---

* Return Over Investiment (ou retorno sobre investimento) – ROI: tendo por base a comparação entre os índices estabelecidos pela companhia e a taxa mínima de atratividade dada pelo mercado financeiro.

ceiras, pois as empresas também se tornam mais competitivas e com uma velocidade maior de reação às diversas alterações que acontecem no mercado. Isso porque adquirem um grau maior de conhecimento da realidade em que estão inseridas, além de maior conhecimento em relação à sua capacidade de atendimento do mercado.

Detalharemos, a seguir, as etapas de uma dinâmica de grupo que permite uma forma de visualizar e mensurar a interferência da comunicação entre empresas e que tivemos a oportunidade de comprovar exercitando-a por meio de atividade em sala de aula.*

Os discentes são divididos em quatro grupos que representam o fornecedor, a indústria principal, o distribuidor e o varejista. A dinâmica é estruturada em três etapas:

» Etapa 1: a comunicação é realizada sem que haja troca de informações entre as "empresas" componentes da cadeia de suprimento;

» Etapa 2: a comunicação é realizada, conforme ilustrado na Figura 5.1 e utilizando apenas a Tabela 5.1;

» Etapa 3: a comunicação pode acontecer em qualquer sentido e forma dentro da cadeia de suprimentos.

* Essa dinâmica foi realizada em sala de aula com alunos de Logística Empresarial do curso Tecnologia em Gestão de Logística da Faculdade de Tecnologia Empresarial (Fatec).

» Figura 5.1 – Ilustração das formas de comunicação (Etapa 2)

```
Fornecedor   ⇄   Natureza
Indústria    ⇄   Fornecedor
Distribuidor ⇄   Indústria
Varejo       ⇄   Distribuidor
Mercado
Consumidor   ⇄   Varejo
```

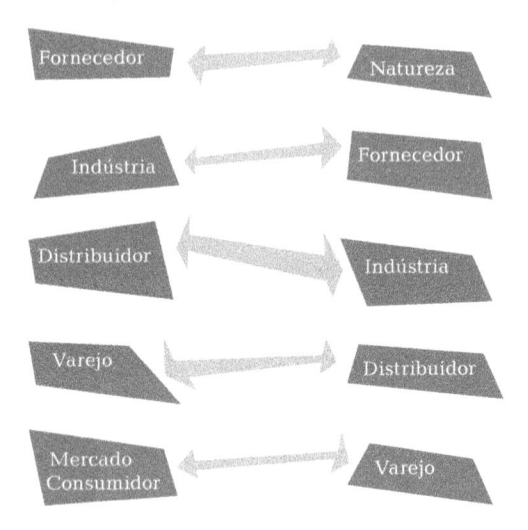

» Tabela 5.1 – Comunicação (Etapa 2)

	Prevista	Realizada
Janeiro		
Fevereiro		
Março		
Abril		
Maio		
Junho		
Julho		

(continua)

(Tabela 5.1 – conclusão)

	Prevista	Realizada
Agosto		
Setembro		
Outubro		
Novembro		
Dezembro		

Os grupos começam cada uma das etapas da dinâmica com as informações básicas sobre o seu "negócio": estoque inicial, capacidade máxima, estocagem, preço de venda unitário, custo unitário de armazenagem e lote máximo de compra.

Em todas as etapas, os valores iniciais são idênticos, justamente para avaliar o grau de interferência da comunicação no resultado final de cada uma das "empresas" e da cadeia como um todo.

Quando realizamos a vivência dessa atividade, as etapas compreenderam o período de 12 meses e o somatório dos resultados financeiros obtidos são os que constam da Tabela 5.2. Já nas tabelas 5.3, 5.4 e 5.5, podemos verificar a evolução dos resultados mensais obtidos no desenvolvimento de cada uma das etapas por todas as "empresas" componentes da cadeia em conjunto.

Tabela 5.2 – Resultados financeiros dos totais dos grupos após o término de cada uma das etapas

Etapa 1	Receita	Custos Mp Compra	Custos Estoques	Custo Armazenagem ou Financeiro	Lucro Líquido	Venda Perdida	Receita Perdida
Fornecedor	R$ 2.448,00	R$ 1.537,50	R$ 4.068,00		(R$ 3.157,50)	0	–
Indústria	R$ 8.580,00	R$ 2.448,00	R$ 2.496,00		R$ 3.636,00	240	R$ 1.584,00
Distribuidor	R$ 12.480,00	R$ 8.580,00	R$ 4.329,60	R$ 800,00	(R$ 1.229,60)	180	R$ 1.404,00
Varejo	R$ 18.576,00	R$ 12.480,00	R$ 270,00		R$ 5.826,00	1.520	R$ 16.416,00

Etapa 2	Receita	Custos Mp Compra	Custos Estoques	Custo Armazenagem ou Financeiro	Lucro Líquido	Venda Perdida	Receita Perdida
Fornecedor	R$ 4.680,00	R$ 2.475,00	R$ 1.470,00		R$ 735,00	0	–
Indústria	R$ 14.545,00	R$ 4.680,00	R$ 5.448,00	R$ 100,00	R$ 4.226,00	25	R$ 165,00
Distribuidor	R$ 19.422,00	R$ 14.454,00	R$ 5.425,00	R$ 1.950,00	(R$ 2.407,20)	0	–
Varejo	R$ 28.188,00	R$ 19.422,00	R$ 180,00	R$ 1.400,00	R$ 7.186,00	630	R$ 6.804,00

(continua)

(Tabela 5.2 – conclusão)

Etapa 3	Receita	Custos Mp Compra	Custos Estoques	Custo Armazenagem ou Financeiro	Lucro Líquido	Venda Perdida	Receita Perdida
Fornecedor	R$ 4.656,00	R$ 2.475,00	R$ 2.010,00		R$ 171,00	0	–
Indústria	R$ 14.652,00	R$ 4.656,00	R$ 1.704,00		R$ 8.292,00	85	R$ 561,00
Distribuidor	R$ 19.656,00	R$ 14.652,00	R$ 2.019,60	R$ 600,00	R$ 2.384,40	325	R$ 2.535,00
Varejo	R$ 28.512,00	R$ 19.656,00	R$ 1.515,00		R$ 7.341,00	600	R$ 6.480,00

Tabela 5.3 – Resultados gerais da cadeia (Etapa 1)

Cadeia Etapa 1	Receita	Custos Mp Compra	Custos Estoques	Custo Armazenagem ou Financeiro	Lucro Líquido	Venda Perdida	Receita Perdida
Janeiro	R$ 42.084,00	R$ 25.045,50	R$ 11.163,60	R$ 800,00	R$ 5.074,90	1.940	R$ 19.404,00
Fevereiro	R$ 2.100,00	R$ 555,00	R$ 1.836,00		(R$ 291,00)	230	R$ 2.484,00
Março	R$ 2.130,00	R$ 1.095,00	R$ 1.651,20		(R$ 616,20)	300	R$ 3.240,00
Abril	R$ 5.130,00	R$ 2.419,50	R$ 1.098,00		R$ 1.612,50	70	R$ 636,00
Maio	R$ 4.158,00	R$ 3.153,00	R$ 1.033,20	R$ 800,00	(R$ 828,20)	160	R$ 1.728,00
Junho	R$ 4.596,00	R$ 2.727,00	R$ 780,00		R$ 1.089,00	0	–
Julho	R$ 4.626,00	R$ 3.141,00	R$ 822,00		R$ 663,00	0	–
Agosto	R$ 2.046,00	R$ 1.455,00	R$ 906,00		(R$ 315,00)	75	R$ 810,00
Setembro	R$ 3.408,00	R$ 2.028,00	R$ 858,00		R$ 522,00	30	R$ 324,00
Outubro	R$ 3.618,00	R$ 2.178,00	R$ 714,00		R$ 726,00	135	R$ 1.458,00
Novembro	R$ 2.796,00	R$ 1.911,00	R$ 706,80		R$ 178,20	175	R$ 1.764,00
Dezembro	R$ 4.530,00	R$ 2.475,00	R$ 392,40		R$ 1.662,60	180	R$ 1.692,00
	R$ 2.946,00	R$ 1.908,00	R$ 366,00		R$ 672,00	585	R$ 5.268,00

Tabela 5.4 – Resultados gerais da cadeia (Etapa 2)

Cadeia Etapa 1	Receita	Custos Mp Compra	Custos Estoques	Custo Armazenagem ou Financeiro	Lucro Líquido	Venda Perdida	Receita Perdida
Janeiro	R$ 66.744,00	R$ 41.031,00	R$ 12.523,20	R$ 3.450,00	R$ 9.739,80	655	R$ 6.969,00
Fevereiro	R$ 3.234,00	R$ 1.548,00	R$ 2.071,20		(R$ 385,20)	210	R$ 2.268,00
Março	R$ 5.685,00	R$ 3.015,00	R$ 1.717,20		R$ 952,80	125	R$ 1.350,00
Abril	R$ 7.749,00	R$ 4.767,00	R$ 1.195,20	R$ 750,00	R$ 1.036,80	0	–
Maio	R$ 5.871,00	R$ 3.603,00	R$ 841,20	R$ 1.000,00	R$ 426,80	75	R$ 705,00
Junho	R$ 4.917,00	R$ 3.231,00	R$ 854,40		R$ 831,60	10	R$ 108,00
Julho	R$ 3.861,00	R$ 2.844,00	R$ 1.071,60		(R$ 54,60)	35	R$ 378,00
Agosto	R$ 2.802,00	R$ 2.130,00	R$ 1.332,00		(R$ 660,00)	55	R$ 594,00
Setembro	R$ 3.516,00	R$ 2.254,50	R$ 1.254,00		R$ 7,50	50	R$ 540,00
Outubro	R$ 4.911,00	R$ 2.838,00	R$ 1.036,80		R$ 1.036,20	35	R$ 378,00
Novembro	R$ 6.474,00	R$ 3.823,50	R$ 652,80		R$ 1.997,70	25	R$ 270,00
Dezembro	R$ 7.986,00	R$ 4.953,00	R$ 400,80	R$ 200,00	R$ 2.432,20	10	R$ 108,00
	R$ 9.738,00	R$ 6.024,00	R$ 96,00	R$ 1.500,00	R$ 2.118,00	25	R$ 270,00

Tabela 5.5 – Resultados gerais da cadeia (Etapa 3)

Cadeia Etapa 3	Receita	Custos Mp Compra	Custos Estoques	Custo Armazenagem ou Financeiro	Lucro Líquido	Venda Perdida	Receita Perdida
	R$ 67.476,00	R$ 41.439,00	R$ 7.248,60	R$ 600,00	R$ 18.188,40	1010	R$ 9.576,00
Janeiro	R$ 4.224,00	R$ 1.707,00	R$ 1.670,40		R$ 846,60	140	R$ 1.512,00
Fevereiro	R$ 6.360,00	R$ 3.180,00	R$ 1.010,40		R$ 2.169,60	100	R$ 1.080,00
Março	R$ 7.830,00	R$ 4.750,50	R$ 520,00	R$ 600,00	R$ 1.958,70	0	–
Abril	R$ 6.006,00	R$ 3.373,50	R$ 108,00		R$ 2.524,50	90	R$ 708,00
Maio	R$ 6.144,00	R$ 4.500,00	R$ 258,00		R$ 1.386,00	50	R$ 390,00
Junho	R$ 5.664,00	R$ 4.494,00	R$ 610,80		R$ 559,20	0	–
Julho	R$ 4.854,00	R$ 3.663,00	R$ 885,00		R$ 306,00	0	–
Agosto	R$ 4.401,00	R$ 2.877,00	R$ 937,20		R$ 586,80	0	–
Setembro	R$ 4.545,00	R$ 2.244,00	R$ 624,00		R$ 1.677,00	25	R$ 270,00
Outubro	R$ 5.694,00	R$ 3.219,00	R$ 360,00		R$ 2.115,00	85	R$ 768,00
Novembro	R$ 4.854,00	R$ 3.156,00	R$ 252,00		R$ 1.446,00	315	R$ 2.784,00
Dezembro	R$ 6.900,00	R$ 4.275,00	R$ 12,00		R$ 2.613,00	205	R$ 2.064,00

Com base na dinâmica realizada e com os respetivos resultados apresentados nas tabelas anteriores, verificamos com clareza que a comunicação foi fundamental para o resultado financeiro de cada uma das empresas individualmente e da cadeia de suprimentos como um todo. Isso se enquadra perfeitamente no objetivo real do trabalho em cadeia, que é o "ganha-ganha" para todas as empresas participantes.

A importância desse objetivo fica evidenciada na Etapa 3, quando a comunicação acontece livremente entre os diversos componentes da cadeia em que todas as "empresas" participantes tiveram lucro ao final dos 12 períodos. Em contrapartida, nas demais etapas, quando a comunicação não existia ou não era permitida de forma plena, pelo menos uma das empresas participantes apresentou prejuízo no período considerado.

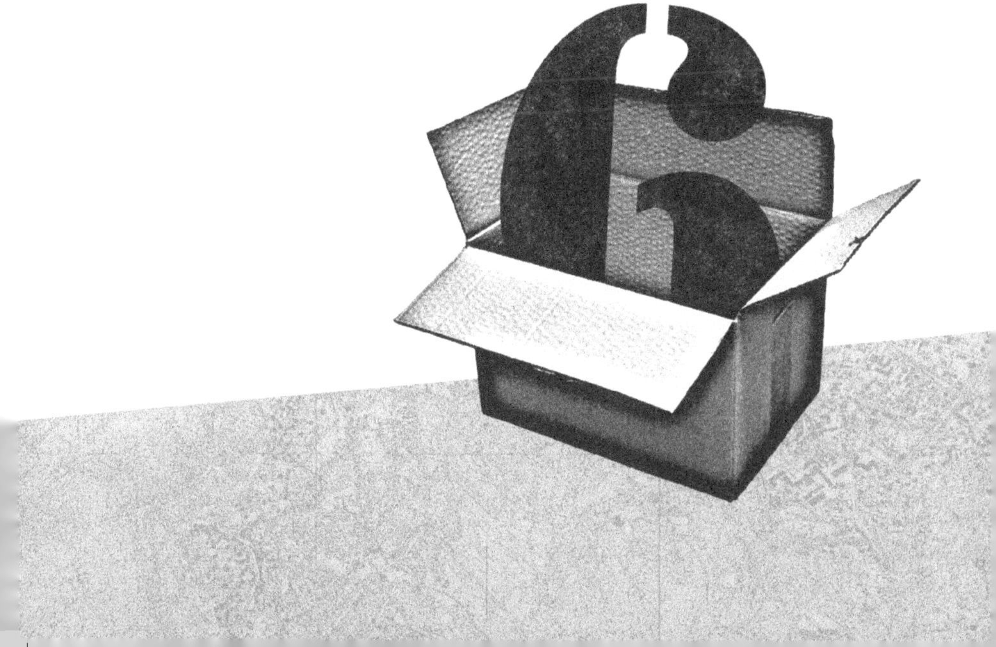
6

CONTROLES E CUSTOS LOGÍSTICOS

O objetivo deste capítulo é mostrar questões de custos, não somente o que controlar, mas propor a mudança de foco da simples redução de custos para uma real otimização.

Alguns termos da área em foco são usados, em geral, de forma incorreta (tecnicamente falando), ou seja, um modo um tanto popular, corriqueiro, que pode causar erro decisório por desencontro de informações. Podemos exemplificar isso com a confusão que muitas vezes ocorre entre custos, preço público ou preço de mercado, pois é comum escutarmos um cliente perguntando ao representante de uma transportadora: "Quanto custa o transporte de uma tonelada por km rodado?". E a resposta logo vem: "São 'X' reais por km, com um valor mínimo de 'Y' reais.".

Na verdade, o comprador não quis perguntar "quanto custa", mas "qual o preço público" que a empresa cobrará e pelo qual está disposta a aceitar a encomenda. Poderia, ao menos, ter dito "Quanto me custará o transporte de uma tonelada por km rodado?". Porquanto, custos são valores despendidos diretamente no processo produtivo de bens e serviços, o que difere substancialmente do preço público ou do preço de mercado.

Portanto, os custos são importantes e mais ainda é o controle exercido sobre eles. É senso comum: "quem não sabe quanto gasta, não sabe quanto ganha".

» O que controlar?

A seguir, apresentaremos alguns dos mais variados tipos de custos que são encontrados no contexto empresarial.

» Figura 6.1 – Gestão dos custos totais: custos aparentes e não aparentes

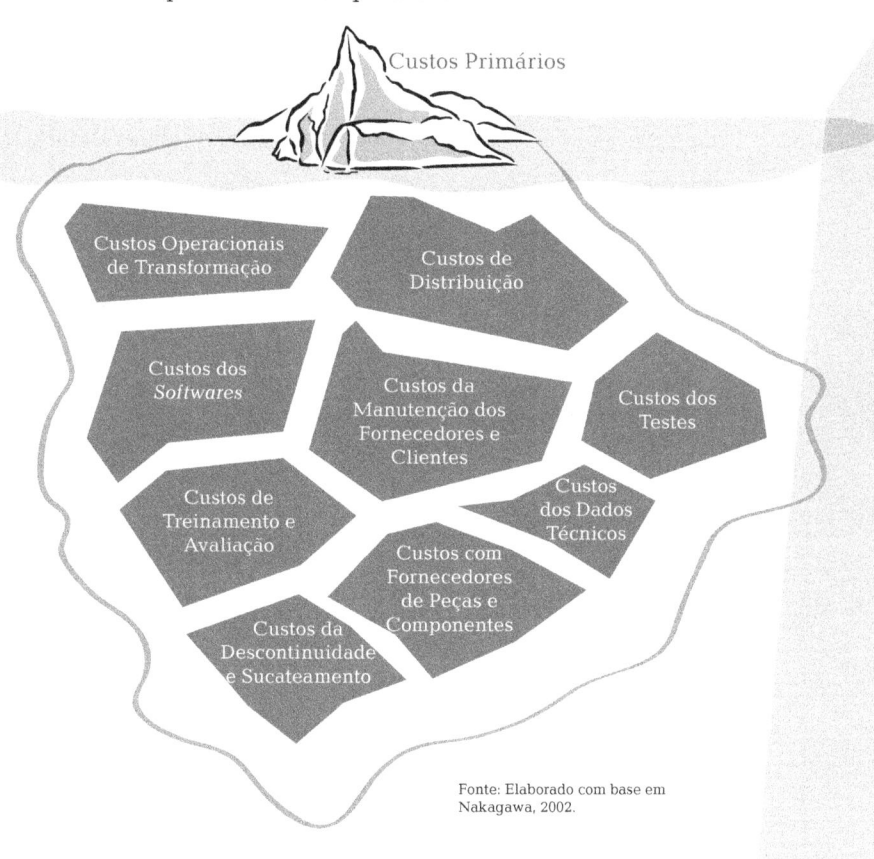

Custos Primários

Custos Operacionais de Transformação

Custos de Distribuição

Custos dos *Softwares*

Custos da Manutenção dos Fornecedores e Clientes

Custos dos Testes

Custos de Treinamento e Avaliação

Custos dos Dados Técnicos

Custos com Fornecedores de Peças e Componentes

Custos da Descontinuidade e Sucateamento

Fonte: Elaborado com base em Nakagawa, 2002.

Na Figura 6.1, são mostrados de forma esquemática alguns dos custos considerados e outros não, ficando escondidos, conforme acontece em grande parte das análises, dos envolvidos no assunto. Nesse contexto, é importante observarmos que, embora, de um modo geral, não se aprove o controle externo, visto haver o sentimento de pressões ulteriores, que são muitas vezes consideradas como algo pessoal, em vez de serem recebidas como aspecto profissional, o seu objetivo maior é o crescimento, em especial o dos lucros na produção de bens e/ou na prestação de serviços, portanto é algo imprescindível para a saúde da empresa.

No Quadro 6.1, há uma explanação sucinta a respeito de tais custos.

» Quadro 6.1 – Relação de alguns tipos de custos e seus respectivos conceitos

Custos	Conceito
Primários	São referentes à mão de obra direta e ao material direto usados na produção.
Operacionais de Transformação	São o somatório da mão de obra direta e das despesas indiretas de fabricação. Incluem também os custos fixos e os variáveis.
Distribuição	São usados relativamente ao processo de movimentação, armazenagem e movimentação.
Softwares	São usados com base na tecnologia da informação.
Manutenção de Clientes e Fornecedores	São usados no atendimento a clientes e a fornecedores, nos mais diversos momentos das transações comerciais.
Dados Técnicos	São usados para gastos com desenvolvimento do produto (não confundir com investimentos).

(continua)

(Quadro 6.1 – conclusão)

Custos	Conceito
Treinamento e Avaliação	São usados para atualização tecnológica, via treinamento e verificação, em novos sistemas, tecnológicos ou não.
Fornecimento de Peças e Componentes	São usados para aquisição de peças e componentes utilizados em montagens, testes, conjuntos especiais etc.
Descontinuidade e Sucateamento	São usados para considerar futuras perdas relativas à finalização e à descontinuidade do bem, assim como na sua destruição programável.

Fonte: Elaborado com base em Leone, 1991; Martins, 2003; Nakagawa, 2001.

A exemplo da alegoria feita com a Figura 6.1, muitos dos responsáveis pelas tomadas de decisão apenas tomam conhecimento da parte mais aparente, ou seja, somente a ponta do *iceberg* acima do nível da água é considerada. Deixamos, então, um grande volume de informações relegado a segundo plano, o que significa uma tomada de decisão errada a curto prazo, com o devido reflexo negativo a longo prazo, podendo, não raras vezes, afundar a empresa.

›› Conhecendo os custos logísticos

É importante salientar que há, na atualidade, diversas mudanças acontecendo no mercado global, em decorrência da grande interação entre pessoas, empresas e países. Essas mudanças estão fundamentadas na disseminação geral da tecnologia, à qual, embora disponível no mercado, só têm acesso aqueles que dispõem de recursos financeiros, influenciados por fatores sociais, políticos e econômicos.

Nesse contexto, observamos com certa apreensão o aumento da demanda estrangeira na busca por melhores produtos e serviços que satisfaçam às necessidades dos futuros compradores. Tal apreensão aumenta na razão direta do acréscimo de competição estrangeira, ou seja, todos concorrem contra todos, no mundo todo, o tempo todo. Essa situação é reforçada pela necessidade de respostas rápidas dos produtores em face do maior nível de customização, assim como da redução da vida útil dos produtos.

Conforme o exposto e com o intuito de proteger a cadeia de abastecimento global, as empresas têm no controle de custos um fator de grande relevância. O resultado de uma pesquisa com especialistas, realizada pelo Imam (2005, p. 10), apontou a questão dos custos como o fator de risco número um, ao questionar se tal assunto seria objetivo comum ou ameaça comum. A resposta-resumo transcrevemos a seguir.

> *Com a vantagem de produzir*
> *e conseguir fornecedores*
> *mais baratos, alguns tipos de*
> *compras e de operações po-*
> *dem ignorar fatores críticos*

da logística que poderiam construir ou destruir uma cadeia de abastecimento.

Os países emergentes oferecem soluções de baixo preço, porém a que custo total?

As perguntas básicas sobre o empreendimento no exterior são:

» *Existe capacidade de produção e é suficiente para as necessidades atuais e projetadas?*

» *O estabelecimento ou o fornecedor conseguirá lidar com as oscilações?*

» *Se a produção for interrompida em um outro local, o local proposto conseguirá dar conta da demanda adicional?*

» *Se esta for a principal fonte, existe um local alternativo para cobrir as contingências?*

» *Como a mudança será tratada?*

Observamos, conforme o texto, que a questão dos custos desperta cada vez mais interesse para alavancar a competitividade dos envolvidos no processo de produção de bens e na prestação de serviços.

» Otimizando os custos logísticos

Notamos, na atualidade, que a otimização dos custos logísticos passa pela racionalização dos processos produtivos (produtos e serviços) em uma busca constante de respostas para as exigências de mercado, e este é cada vez mais volátil.

As empresas devem autoavaliar-se de maneira sistêmica, atentando para seus custos de maior relevância, assim como os possíveis benefícios que advirão dessa atitude, que compreende, dentre outras:

- » redução do prazo de entrega;
- » maior disponibilidade de produtos e de serviços;
- » entrega com hora determinada;
- » maior cumprimento dos prazos de entrega;
- » maior facilidade de colocação de pedidos.

Em complemento à otimização dos custos, a análise da participação de mercado e o respectivo volume de investimentos devem guiar as ações da empresa sempre com perspectivas e cenários de longo prazo.

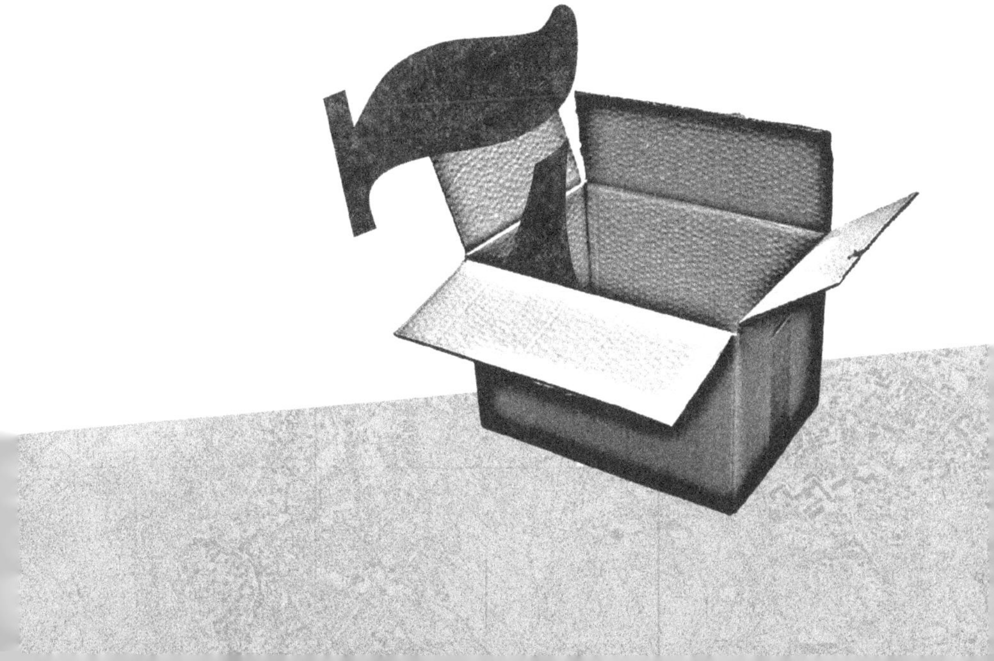

O FUTURO DA LOGÍSTICA

A compreensão da logística como uma possibilidade real enquanto diferencial competitivo, à medida que, cada vez mais, passa a ser uma unidade de negócios geradora de lucros, é a proposta deste capítulo, além de propormos questões sobre o futuro da logística, seus aspectos atuais e suas tendências.

No mundo dos negócios, muitas empresas nascem e em pouco tempo já não existem mais; algumas por falta de planejamento, outras por aplicação equivocada dos recursos, em especial os financeiros, e há ainda aquelas que não sabem qual direção seguir.

As empresas enfrentam desafios gigantescos (existentes não somente no Brasil) reforçados pelo processo de globalização, em que a concorrência tem ocupado lugar de destaque, justamente pela capacidade de competição de alguns desses atores do cenário mundial. Porém, existem aquelas que, apesar dessas dificuldades e obstáculos de natureza estrutural ou ainda conjuntural, sobressaem-se no mercado.

O que podemos observar é que "Como o mundo dos negócios muda – e cada vez mais rapidamente –, torna-se necessário acompanhar essas mudanças, se possível no mesmo ritmo em que elas acontecem" (Chiavenato, 2004, p. 249).

Quando a empresa se antecipa aos acontecimentos, há, aí, grandes possibilidades de utilizar-se das informações, da rede de relacionamento, da visão mais abrangente de mercado, de cenário político-econômico mundial, para uma tomada de atitude. Alguns falam em conhecimento, sintonia, sinergia, outros abordam visão holística, pesquisa de mercado ou, ainda, rede de relacionamento.

Nesse contexto, consideramos que a administração focada na logística tem como estratégia colocar o produto certo, no local correto, no tempo exato, no estado adequado e, ainda, com custos competitivos, isto é, de forma melhor que a praticada pela concorrência, preferencialmente de forma antecipada.

Portanto, colocar a logística como uma ferramenta para transformar dificuldades em resultados financeiros positivos pode ser uma excelente maneira de adaptar-se às necessidades demonstradas pelo mercado, visto o alto nível de exigência dos atuais consumidores, aliado ao fato de que gerenciar adequadamente a cadeia de suprimentos tem minimizado problemas de atendimento.

» O papel da logística como diferencial competitivo

Muito se tem falado a respeito de formas de atendimento, como atenção, velocidade e custos, além de como se antecipar às necessidades do cliente. Há aqueles que vêm falando, já há algum tempo, sobre procedimentos empresariais em que se mantém o foco no cliente; enquanto outros indicam ser necessário manter o foco no cliente do cliente.

Tudo isso é válido, e muito mais ainda pode ser feito. O questionamento é o seguinte: Quem é o cliente?

Por definição, cliente é aquele que irá receber o produto (em processo ou acabado) ou ainda a prestação do serviço. Por ele fazemos tudo ou praticamente tudo para não o perder. No entanto, o ponto crucial é que poucos compreenderam (já concluíram) que, para atender adequadamente o cliente externo, devem da mesma forma prestar atenção no interno, que é tão ou mais importante que o outro.

Procuram manter prazos, desempenhos, volumes, valores, acondicionamentos e tudo mais que seja relevante para o cliente externo, e esquecem que, se não for o interno, o outro não será atendido.

Diante dessa situação, o que concluímos é que são as questões econômicas que, na realidade, norteiam o direcionamento das empresas, sejam elas usuárias da logística de forma ostensiva ou não.

Visando o lucro, as empresas produzem bens e serviços, por meio de um processo de transformação de insumos em produto final com um maior valor agregado. É importante lembrarmos que as que desejam uma melhor colocação no mercado almejam o lucro máximo.

Isso pode parecer óbvio – o desejo do lucro – e, por conseguinte, desnecessário de ser citado. Mas, na realidade, óbvio é citar a necessidade de bem atender o cliente, superar suas expectativas, encantá-lo, isto é, fazer tudo e, ainda, um tanto a mais. Óbvio, mas nem sempre sabido ou reconhecido, pois para tudo isso existem custos dos mais variados.

Caso um operador logístico ofereça a prestação de serviço de entrega de 1.000 kg de um material ao preço de 1 kg, ele consegue ganhar o pedido, superando as expectativas do cliente. Persistindo essa política de preços públicos, irá conseguir também quebrar a empresa, visto que os valores recebidos para transportar 1.000 kg certamente não cobrem sequer seus custos, que dizer do lucro a ser alcançado!

Uma logística eficaz coloca o produto certo, no local correto, no tempo exato, no estado adequado e ainda com custos competitivos: valores reais, verdadeiros.

É considerada eficaz (como uma arma competitiva) a logística administrada de forma a possuir características, como:

» maiores expectativas no atendimento dos serviços;
» pedido sempre perfeito (100% de conformidade com planos);
» conectividade de informações em tempo real com ferramentas como EDI, internet, intranet e extranet*;
» maior racionalização de *Supply Chain* por meio de serviços compartilhados, com menos níveis de divisão de trabalho e com a utilização de tecnologias atualizadas.

Isso significa fazer chegar aonde não chega hoje, assim como aonde os outros não chegam, com menor custo, mais rápido, com constância e com menos estoque.

» Departamento de Logística ou unidade de negócios?

Grandes empresas estão no mercado, muitas delas com representatividade mundial, quais sejam, DHL, FedEx, UPS,

---

- EDI significa *electronic data interchange*: troca de dados feita eletronicamente.

  Intranet: rede interna (à empresa) de informações.

  Extranet: combinação da rede interna da empresa com a rede de alguns fornecedores e/ou concessionárias.

além das brasileiras Correios, ALL, entre outras.

Comparando o desempenho das empresas citadas com o de outras (independentemente do porte), e ainda dentre os mais variados pontos já discutidos e/ou propostas apresentadas neste livro, cremos fielmente na possibilidade de transformar as ações logísticas de uma empresa de mercado de um simples departamento (ainda hoje, considerado por muitos) em uma grande unidade de negócios (fonte de lucros empresariais).

Acreditamos na necessidade de levar em conta certos pontos, como: estudos para desobstrução de gargalos operacionais; investimentos dos mais variados portes (em especial aqueles voltados para escoamento da produção de bens e oferta de serviços); pesquisa e desenvolvimento, dentre outros.

Com base nesses pontos e conforme estudo feito pela Fundação Getulio Vargas (Borges, 2005, p. 36), propomos a seguir (Quadro 7.1) um "Decálogo para uma logística eficiente", com o propósito de solidificar a ideia da transformação da logística de centro de custos para fonte de lucros.

» Quadro 7.1 – Decálogo para uma logística eficiente

Nº	Sugestão
1	Conhecer bem o nível de serviço exigido pelo cliente: prazos, forma de pagamento e tipo de produto envolvido.
2	Pessoal treinado.

(continua)

(Quadro 7.1 – conclusão)

Nº	Sugestão
3	Investimentos em tecnologia, equipamentos e movimentação de estoques, frotas e áreas de armazenagem modernas (se a opção for manter uma estrutura logística própria).
4	Investir em tecnologia da informação.
5	Desenvolver um indicador de desempenho para acompanhar e melhorar o padrão de serviços.
6	Ter competência para desenvolver políticas diferenciadas de logística de acordo com o produto e com o cliente.
7	Desenvolver a capacidade de segmentar o serviço logístico, com soluções diferenciadas para cada etapa: transporte, armazenagem e controle de dados (se necessário).
8	Possuir domínio dos processos e conhecimento das informações. Por exemplo: se for exportar, ter total conhecimento do funcionamento dos portos, questões fiscais e burocráticas ou terceirizar o serviço para uma empresa especializada.
9	Construir um sistema de parcerias (seja na área de transportes, seja na de armazenagem) para terceirizar parte ou toda a logística em momentos de necessidade de flexibilização de custos fixos ou mesmo para operar em conjunto em determinadas regiões.
10	Prestar bom atendimento ao cliente, principalmente no que se refere à informação sobre a carga que ele está esperando, e, obviamente, cumprir o combinado.

Fonte: Elaborado com base em Borges, 2005, p. 36.

Considerações finais

Ao terminarmos esta obra, destacamos que, embora ainda exista muito para ser pesquisado, discutido, modificado, proposto no que diz respeito à logística e ao gerenciamento da cadeia de suprimentos, algo ficou, aqui, evidenciado: precisamos ter em mente a necessidade da discussão salutar, com base no respeito e na coerência entre partes interessadas no crescimento de suas economias, para uma gestão cada vez mais eficiente nas empresas.

Concepção esta que implica abandonar o pequeno foco

centrado apenas na sistemática simplista da redução de custos e agregar a visão racional e coerente do longo prazo, que é voltada para a otimização dos processos produtivos, a qual, embora muitas vezes aumente os gastos em 20%, 40% e até 100%, pode elevar os ganhos em 100%, 200% e até 1.000% ou mais. Portanto, com disciplina na operacionalização e com flexibilidade no gerenciamento, há mais chances de alcançarmos resultados mais positivos.

❯❯ Referências

AMERICAN MARKETING ASSOCIATION. *Dictionary*. Disponível em: <http://www.marketingpower.com>. Acesso em: 12 fev. 2006.

ANSOFF, I. *Estratégia empresarial*. São Paulo: McGraw-Hill, 1989.

BALLOU, R. H. *Logística empresarial*: transportes, administração de materiais e distribuição física. São Paulo: Atlas, 1993.

BARBIERI, J. C.; DIAS, M. Logística reversa como instrumento de programas de produção e consumo sustentáveis. *Revista Tecnologística*, São Paulo, n. 77, abr. 2002.

BERTAGLIA, P. R. *Logística e gerenciamento da cadeia de abastecimento*. São Paulo: Saraiva, 2003.

BORGES, E. Um setor à beira do colapso. *Conjuntura Econômica – FGV*, Rio de Janeiro, v. 59, n. 07, jul. 2005.

BOWERSOX, D. J.; CLOSS, D. J. *Logística empresarial*: o processo de integração da cadeia de suprimento. São Paulo: Atlas, 2001.

BOWERSOX, D. J.; CLOSS, D. J.; HELFERICH, O. K. *Logistical Management*. New York: Macmillan, 1986.

BRAKE, T.; WALKER, D. *Doing Business Internationally*: The Workbook to Cross-Cultural Success. Princeton: Princeton Training Press. 1995.

CAMPOS, L. F. R. *O desempenho competitivo do setor moageiro de trigo no Brasil no período pós-1990*. Florianópolis, 2004. Tese

(Doutorado em Engenharia da Produção). Setor de Pós--Graduação, Universidade Federal de Santa Catarina.

CARVALHO, M. A. de. *Economia internacional*. ed. especial. São Paulo: Saraiva, 2005.

CASTRO, J. A. de. *Exportação:* aspectos práticos e operacionais. 5. ed. São Paulo: Aduaneiras, 2003.

CATTANI, A. D. (Org.). *Trabalho e tecnologia:* dicionário crítico. Petrópolis: Vozes; Porto Alegre: Ed. Universidade, 1997.

CAVALCANTI, M. (Org.) et al. *Gestão estratégica de negócios:* evolução, cenários, diagnóstico e ação. São Paulo: Pioneira Thomson Learning, 2001.

CERVO, A. L.; BEVIAN, P. A. *Metodologia científica*. 5. ed. São Paulo: Pearson Prentice Hall, 2002.

CHIAVENATO, I. *Empreendedorismo:* dando asas ao espírito empreendedor. São Paulo: Saraiva, 2004.

CHING, H. Y. *Gestão de estoques na cadeia de logística integrada*. São Paulo: Pearson Prentice Hall, 2001.

CHOPRA, S.; MEINDL, P. *Gerenciamento da cadeia de suprimento*. São Paulo: Prentice Hall, 2003.

CHRISTOPHER, M. *Logística e gerenciamento da cadeia de suprimentos:* estratégias para a redução de custos e melhoria dos serviços. São Paulo: Pioneira, 1997.

CHURCHILL JUNIOR, G. A.; PETER, J. P. *Marketing:* criando valor para o cliente. São Paulo: Saraiva, 2000.

COLLINS, A.; HENCHION, M.; O´REILLY, P. Logistics Customer Service: Performance of Irish Food

Exporters. *International Journal of Retail & Distribution Management*, v. 29, n. 1, p. 6, 2001.

CEMPRE – Compromisso Empresarial para Reciclagem. *Microcenários*. Disponível em: <www.cempre.org.br>. Acesso em: 15 set. 2006.

CORRÊA, H. L. *Administração de produção e de operações*: manufatura e serviços – uma abordagem estratégica. São Paulo: Atlas, 2005.

CLM – Council of Logistics Management. *World Class Logistics:* The Challenge of Managing Continuous Change: CLM Oak Brook, 1995.

CSCMP – Council of Supply Chain Management Professionals. *Education*. Disponível em: <www.cscmp.org>. Acesso em: 16 maio 2006.

COYLE, J. J.; BARDI, E. J.; LANGLEY, C. J. *The Management of Business Logistics*, 5. ed., New York: West Publishing Company, 1992.

DAVIS, M. M. et al. *Fundamentos da administração da produção*. 3. ed. Porto Alegre: Bookman Editora, 2001.

DIAS, M. A. P. *Administração de materiais*: uma abordagem logística. 2. ed. São Paulo: Atlas, 1988.

DORNIER, P. P. et al. *Logística e operações globais:* texto e casos. São Paulo: Atlas, 2000.

ECO, U. *O nome da Rosa*. São Paulo: Nova Fronteira, 1983.

EMMERSON, C. J.; GRIMM, C. M. Logistics and *Marketing* Components of Customer Service: An Empirical Test of the Mentzer, Gomes and Krapfel Model. *International Journal of Physical Distribution & Logistics Management*, v. 26, n. 8, p. 29-42, 1996.

FERRAES NETO, F.; KÜEHNE JÚNIOR, M. Logística Empresarial. *Gazeta do Povo*, Curitiba, 2004, p. 39-49. (Coleção Gestão Empresarial).

FLEURY, P. F. Supply chain management: conceitos, oportunidades e desafios da implementação. *Revista Tecnologística*, São Paulo, n. 39, p. 24-32, Artenova, fev. 1999.

FLEURY, P. F. (Org.) et al. *Logística empresarial*. São Paulo: Atlas, 2000.

FLEURY, P. F.; LAVALLE, C. Avaliação do serviço de distribuição física: a relação entre a indústria de bens de consumo e o comércio atacadista e varejista. In: FLEURY, P. F.; WANKE, P.; FIGUEIREDO, K. (Org.). *Logística empresarial, a perspectiva brasileira*. São Paulo: Atlas, 2000. p. 76-89.

GREMAUD, A. P. (Org.). *Manual de economia*. 4. ed. São Paulo: Saraiva, 2003.

HAMEL, G.; PRAHALAD, C. K. *Competindo para o futuro*. Rio de Janeiro: Campus, 1995.

HERALD, J. *Atitude*. Curitiba: Fundamento Educacional, 2004.

IMAM. Como proteger a sua cadeia de abastecimento global. *Revista Logística*, São Paulo, v. 26, n. 183, dez. 2005.

_____. (Org.). *Gerenciamento da logística e cadeia de abastecimento*. São Paulo: Imam, 2000. p. 231.

KEEGAN, W. J.; GREEN, M. C. *Princípios de marketing global*. São Paulo: Saraiva, 2000.

KOTLER, P.; ARMSTRONG, G. *Princípios de marketing*. Rio de Janeiro: Prentice Hall, 2004.

LACERDA, L. Logística reversa, uma visão sobre os conceitos básicos e as práticas operacionais. *Centro de Estudos em*

Logística – Coppead, Universidade Federal do Rio de Janeiro. 2002. Disponível em: <www.cel.coppead.ufrj.br>. Acesso em: 2 mar. 2006.

LAKATOS, E. M. *Metodologia do trabalho científico*. 6. ed. São Paulo: Atlas, 2001.

LEONE, G. S. G. *Custos*: planejamento, implantação e controle. 2. ed. São Paulo: Atlas, 1991.

MARTINS, E. *Contabilidade de custos*. 9. ed. São Paulo: Atlas, 2003.

MASI, D. de. (Org.). *A emoção e a regra*: grupos criativos na Europa de 1850 a 1950. 5. ed. Rio de Janeiro: J. Olympio, 1999.

MASLOW, A. H. *Motivation and Personality*. 3. ed. New York: Longman, 1970.

MINTZBERG, H. *Safári de estratégia*. Porto Alegre: Bookman, 2000.

NAKAMURA, W. T.; BASSO, L. F. C.; MOORI, R. G.; Supply chain como um fator de geração de valor: uma aplicação do conceito de Eva. *Revista de Administração Mackenzie*, São Paulo, n. 1, v. 1, p. 103-125, 2000. Disponível em: <http://www.mackenzie.br>. Acesso em: 28 nov. 2006.

NAKAGAWA, M. *ABC*: custeio baseado em atividades. 2. ed. São Paulo: Atlas, 2001.

_____. Apresentação. In: Congresso Brasileiro de Custos, 9., 2002, São Paulo. *Anais...* Fecap, 2002.

NOVAES, A. G. *Logística e gerenciamento da cadeia de distribuição*: estratégia, operação e avaliação. 2. ed. Rio de Janeiro: Elsevier, 2004.

PORTER, M. *Estratégia competitiva*. São Paulo: Makron, 1991.

RAGO, P. *Logística*: uma área em pleno crescimento. Disponível em: <http://www.cursos.aduaneiras.com>. Acesso em: 23 mar. 2006.

ROCHA, P. C. A. *Logística e aduana*. São Paulo: Aduaneiras, 2001.

RODRIGUES, P. R. A. *Introdução ao sistema de transporte no Brasil e a logística internacional*. 2. ed. São Paulo: Aduaneiras, 2002.

ROGERS, D. S.; TIBBEN-LEMBKE, R. S. *Going Backwards:* Reverse Logistics. Practice. Illinois: Reverse Logistics Executive Council, 1999.

SLACK, N. et al. *Administração da produção*. 2. ed. São Paulo: Atlas, 2002.

TROSTER, R. L.; MORCILLO, F. M. *Introdução à economia*. São Paulo: Makron Books, 2002.

VEJA. São Paulo: Abril, v. 26, n. 183, dez. 2005. p. 10

TUBINO, D. F. *Manual de planejamento e controle da produção*. São Paulo: Atlas, 2000.

Sobre os autores

LUIZ FERNANDO RODRIGUES CAMPOS

Estudioso constante, o professor Campos graduou-se em Economia pela Faculdade Plácido e Silva (1987), especializou-se em Engenharia Econômica pela FAE/CDE (1993), tornou-se mestre em Inovação Tecnológica pelo Cefet/PR (1999) e doutorou-se em Engenharia da Produção pela UFSC (2004).

Seus amplos conhecimentos são subsidiados pela aplicação prática através de sua atuação como consultor associado, desde 2000, da Meister Consultoria e Desenvolvimento Profissional, bem como de suas atividades, exercidas durante 23 anos, no setor automobilístico (General Motors e Volvo do Brasil). Além disso, tem ativa participação na área acadêmica, sendo professor universitário, desde 1997, em cursos de graduação e pós-graduação de várias instituições de ensino superior. Agregou, desde 2005, às suas funções docentes a de coordenador dos cursos de Gestão da Produção Industrial e Tecnologia em Logística na Faculdade de Tecnologia Internacional (Fatec Internacional).

CAROLINE V. DE MACEDO BRASIL

Graduada em Administração pelo Centro Universitário FAE Busines School, no ano de 2004, a professora Caroline V. de Macedo Brasil, coautora desta obra, é especialista em Gestão Logística, com complementação em Magistério Superior, pelo Ibpex, onde apresentou a monografia "As Alianças Empresariais como Diferencial Logístico", em 2006.

Além de lecionar, desde 2005, a disciplina Logística Empresarial nos cursos de Gestão da Produção Industrial e de Tecnologia em Logística da Faculdade de Tecnologia Internacional (Fatec), atua no setor comercial da companhia de transporte marítimo Mediterranean Shipping Company do Brasil, pertencente ao grupo MSC, que opera mundialmente no ramo de transportes marítimos de cargas e cruzeiros.

Os papéis utilizados neste livro, certificados por instituições ambientais competentes, são recicláveis, provenientes de fontes renováveis e, portanto, um meio responsável e natural de informação e conhecimento.

FSC
www.fsc.org
MISTO
Papel produzido a partir de fontes responsáveis
FSC® C103535

Impressão: Reproset
Junho/2021